JN074623

中小企業診断士

原田総介
藤本江里子
金岩由美子 ［編著］
東 俊道

17人の合格術&キャリアプラン

中央経済社

はじめに

　日本経済の先行きが不透明感を増す中で，ビジネスパーソンに必要な知識が幅広く身につく中小企業診断士資格の人気は非常に高くなっています。本書を手に取っていただいた方の中には，これから試験を受けようか考え中の方やすでに勉強を始めたものの行き詰まっている方，試験に不合格となり勉強を続けているもののモチベーションを保てない方もいらっしゃると思います。本書はまさに，そのような方たちに向けて書かれたものです。

　中小企業診断士資格保有者20名で執筆し，試験制度の仕組みや合格後の活動内容をはじめ，17名の合格までの体験や合格後の活動などを，臨場感をもってリアルに書き上げています。職種や生活環境，合格までの年数などバラエティに富んだ執筆者の生の経験を疑似体験することができるように構成されています。

　本書を通じて，多くの方が受験を志し，長い試験期間を乗り切る一助となれば幸いです。

令和4年12月

執筆者代表　原田　総介

CONTENTS

第 2 部 17人の合格体験談＆キャリア

第 1 部

中小企業診断士になるには

2

1 中小企業診断士試験の仕組み

　はじめに，中小企業診断士（以下，診断士）試験の仕組みを見ていきましょう。診断士になるためには，どのような道のりがあるのでしょうか。大きく分けると，2つのルートが用意されています。一般社団法人中小企業診断協会が示す以下の図をご覧ください。

中小企業診断士試験から登録まで

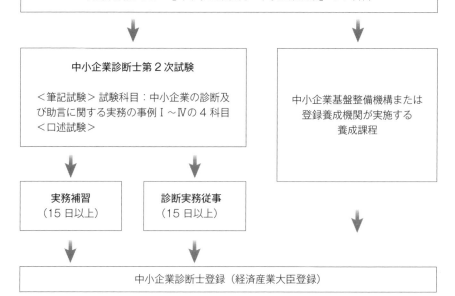

中小企業診断士第1次試験
「経済学・経済政策」「財務・会計」「企業経営理論」
「運営管理（オペレーション・マネジメント）」「経営法務」
「経営情報システム」「中小企業経営・中小企業政策」の7科目

中小企業診断士第2次試験
＜筆記試験＞試験科目：中小企業の診断及び助言に関する実務の事例Ⅰ～Ⅳの4科目
＜口述試験＞

中小企業基盤整備機構または登録養成機関が実施する養成課程

実務補習（15日以上）

診断実務従事（15日以上）

中小企業診断士登録（経済産業大臣登録）

（出所）一般社団法人中小企業診断協会ホームページ

　まず，中小企業診断協会が実施する第1次試験に合格する必要があります。この試験は，どちらのルートを選択するとしても必ず合格しなければなりません。第1次試験に合格したあと，次の2つのうち，いずれかの要件を満たすことで，診断士として登録できるようになります。

- 中小企業診断協会が実施する第2次試験合格後，実務補習を修了するか，診断実務に従事する
- 中小企業基盤整備機構または登録養成機関が実施する養成課程を修了する

　診断士試験は，第1次試験と第2次試験をあわせて，1年がかりで実施されます。以下に年間の大まかな日程を示します（図は令和4年度の日程を参考にしています。各年度の正確な日程は，中小企業診断協会からの発表をご確認ください）。

試験の年間日程

ステップ	4月	5月	6月	7月	8月	9月	10月	11月	12月	1月	2月	3月
第1次試験申込	■	■										
第1次試験実施					■							
第1次試験合格発表						■						
第2次試験申込					■	■						
第2次試験(筆記試験)実施							■					
第2次試験(筆記試験)合格発表									■			
第2次試験(口述試験)実施									■			
第2次試験(口述試験)合格発表										■		
実務補習										■	■	

　それでは，ここからは第1次試験，第2次試験，養成課程それぞれの内容について見ていきましょう。

4

(1) 第1次試験

　診断士になるために必要な学識を有しているかどうかを判定する試験です。学歴や年齢による受験資格の制限はありません。申込みさえすれば，どなたでも受験することが可能です。

　例年，第1次試験は，8月上旬の連続する土日2日間をかけて実施されます。試験は，以下の7科目の多肢選択式（マークシート）で，各100点満点で実施されます。マークシート形式ですので，時間配分を意識して，解答欄は必ず埋めるようにしましょう。

```
［1日目］
A　経済学・経済政策（60分）
B　財務・会計（60分）
C　企業経営理論（90分）
D　運営管理（オペレーション・マネジメント）（90分）
［2日目］
E　経営法務（60分）
F　経営情報システム（60分）
G　中小企業経営・中小企業政策（90分）
※　（　）内は，試験時間
```

　各科目における出題の詳細については割愛しますが，これらはすべて診断士として活動するために必要な基礎知識です。税理士や社会保険労務士のように特定の分野を深く掘り下げるというよりも，診断士には経営全般に関する幅広い知識の習得が求められています。

　合格基準は，受験科目の総点数の60%以上を取得し，かつ1科目でも満点の40%未満のものがないこととなります。たとえば，7科目の合計点数が60%の420点を取得できていたとしても，財務・会計の得点が36点であれば，合格基準を満たしていないことになります。

　一方，科目合格の制度があり，7科目すべてに一度の受験で合格する必要は

ありません。<u>合格基準となる60%を超えた科目は，翌年と翌々年度まで計3年間については試験を免除することができます</u>（免除せずに，翌年受け直すこともできます）。そのため，たとえば1年目は4科目だけ勉強し，2年目に残りの3科目を勉強するという方法で合格を目指すことも可能です。自身の都合に合わせて計画を立てることができるため，働きながらでも取りやすい資格であるといえます。

　第1次試験の合格率は20%程度が続いていましたが，<u>ここ数年は合格率が上昇しており，令和3年度の第1次試験の合格率は36.4%でした</u>。この数値を高いと受け取るか低いと受け取るかは読者の皆さんそれぞれで感じ方の違いはあるでしょう。ここからは筆者の個人的な見解にはなりますが，申込みをしながらも試験会場に来ない方，十分な学習時間を取ることができないまま試験会場にいらっしゃる方もいますので，それらを考慮すれば，計画的に学習を進めていくことができれば合格の可能性は決して低くない試験であると考えられます。

(2)　第2次試験

　第2次試験は，診断士となるのに必要な応用能力を判定する試験です。診断及び助言に関する実務の事例並びに助言に関する能力について，筆記試験と口述試験が行われます。

　第1次試験に合格した方のみ，第2次試験を受験することが可能となります。合格を確認したうえで，改めて第2次試験の申込手続を行う必要があります。第2次試験の受験資格は，第1次試験合格年度と，その翌年度の計2年間について有効です。第1次試験の合格年度に受験した第2次試験に不合格だった場合でも，その翌年度の第1次試験は免除され，第2次試験から受験すればよいことになります。翌年度の第2次試験が不合格だった場合は，再度第1次試験から受験し直すことになります。

　<u>合格基準は，筆記試験における総点数の60%以上で，かつ1科目でも40%未満のものがない者であって，口述試験における評定が60%以上</u>となります。第2次試験には，科目合格の制度はありません。1年で上記の合格基準を達成できなければ，その年度は不合格という結果のみが残ります。翌年度は，改め

て全科目を受け直すことになります。

合格基準のまとめ

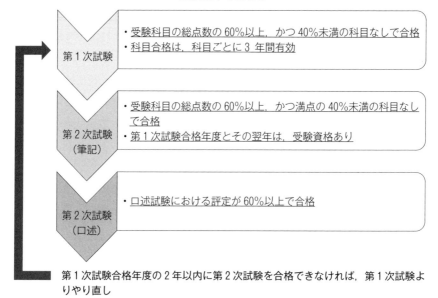

第1次試験
- 受験科目の総点数の 60％以上，かつ 40％未満の科目なしで合格
- 科目合格は，科目ごとに 3 年間有効

第2次試験
（筆記）
- 受験科目の総点数の 60％以上，かつ満点の 40％未満の科目なしで合格
- 第1次試験合格年度とその翌年は，受験資格あり

第2次試験
（口述）
- 口述試験における評定が 60％以上で合格

第1次試験合格年度の2年以内に第2次試験を合格できなければ，第1次試験よりやり直し

① 筆記試験

例年，筆記試験は10月に実施されます。第1次試験の合格発表からは2か月程度しかありません。第1次試験終了後は，すぐに自己採点し，合格を確信できたら，合格発表を待たずに対策に取り組むのがよいでしょう。試験は，以下の4事例の論述形式で，各100点満点で実施されます。

A　事例Ⅰ：組織・人事（80分）
B　事例Ⅱ：マーケティング・流通（80分）
C　事例Ⅲ：生産・技術（80分）
D　事例Ⅳ：財務・会計（80分）
※　（　）内は，試験時間

試験では，各事例で「与件文」と呼ばれる各事例分野において課題を有する企業の概要を説明した文章が与えられます。それを読み込み，各設問で与えられた課題について，100文字程度の指定された文字数で解決策を提示するというものです。80分という決められた時間の中で，与件文を読み込み，すべての設問に解答するためには，集中力と瞬発力が必要です。点数配分を意識して，解答が難しい問題を割り切って切り捨てる勇気も必要です。第1次試験では，基礎的な知識力が問われますが，第2次試験では，習得した知識の応用力が求められます。

筆記試験の合格率は20％程度で推移しています。こちらは，第1次試験を突破した者のみで行われる試験です。一定のレベルにある受験者の中でさらに20％に絞り込まれるため，難易度は非常に高いと考えられます。ですが，筆者の見解では，過去問にしっかりと向き合い，設問の課題に関する情報を与件文から適切に抽出する能力，指定の文字数で採点者へ明確に伝える能力を磨き上げることができれば，合格は十分に可能であると考えられます。

診断士試験全体で考えると，第1次試験で30％前後，第2次試験で20％前後に絞り込まれるため，最終的な合格率は5 〜 6％程度となります。

②　口述試験

令和4年度の口述試験は，令和5年1月に実施されます。筆記試験の合格発表後，10日程度で実施されるため，準備期間は非常に短いです。合格発表から口述試験までの間に，各種予備校や診断士の有志団体では，模擬面接を開催しています。インターネットで「診断士2次口述試験　模擬面接」などで検索すれば，多くの模擬面接が開催されていることが確認できるかと思います。いきなり本番に臨むよりも，一度，試験の雰囲気を確認するために，それらの模擬面接に参加するのもよいでしょう。

団体によっては，他の受験生や先輩の診断士とのコミュニケーションを図る場としても活用できます。特に1人で学習を進めていた受験生にとっては，資格取得後の将来像を具体的にイメージし，口述試験へのモチベーションを高める効果も期待できるでしょう。

口述試験は，試験官3名，受験者1名の3対1で10分程度，面接形式で実施

されます。質問は，筆記試験で出題された 4 事例からランダムに出されます。2 事例 2 問ずつの計 4 問というのが基本的な流れです。過度に時間に神経質になる必要はありませんが， 1 問に対して 2 分程度で返答できるようにしておくのが適切でしょう。また，10分程度という試験時間の制約がありますので，本番において問題数の増減があっても不安になる必要はまったくありません。

　口述試験の合格率は99% 以上です。不合格者のほとんどは，試験当日に何らかの事情で参加できなかった場合と考えられます。さらなる絞り込みをかけることが目的ではなく，診断を行う際の最低限のコミュニケーション能力を有するかを確認する場になります。

　だからといって，油断してはいけません。面接に慣れていなかったり，筆記試験の内容をきちんと話ができるレベルで整理できていなかったりすると，何も答えられないまま試験が終了する可能性もあります。また，試験官との距離は， 2 ～ 3 メートル程度離れていますが，きちんと聞き取れる大きさの声で話をしなければ，試験官の印象を悪くすることも考えられます。

　ここを無事に乗り切れば，あとは 2 月 1 日の合格発表（令和 4 年度の場合。1 月合格発表の年度もあります）を待つだけです。自身で想定問答を用意して，先述の模擬面接に参加したり，友人や家族に面接の練習をお願いしたりするなどして，しっかりと最後の準備をしておきましょう。

口述試験の流れ

試験官 3 名

2 ～ 3 m

受験者

入場
・受験番号ごとに指定された時間に会場へ到着
・他の受験者と列に並ぶ
・順番が来たら，指定された部屋へ入場

試験（10分程度）
・質問は筆記試験の事例より 4 問程度
・その場での資料等の確認は不可

退場
・試験が終了したら速やかに退場

(3)　養成課程

　第2次試験を受験するほかに，中小企業基盤整備機構または登録養成機関が実施する養成課程を修了するという方法もあります。養成課程の詳細については，「2　登録までの流れ」を参照してください。<u>養成課程を修了することで，第2次試験合格後に必要となる実務補習（15日以上）などの要件も免除</u>されます。

登録までの流れ

(1) 第2次試験合格後の流れ

第2次試験合格後，登録までの大まかな流れは以下に示すとおりです。

登録までの流れ

第2次試験合格

（要件を満たし）申請

登録・公示

第2次試験合格，要件（次項参照）を満たしたら申請を行い，そして登録となります。ただし，この申請には申請期間があることにご注意ください。申請期間は第2次試験の合格日以降，3年以内です。

では仮に，3年以内に申請を行わない場合はどうなるのでしょうか。この場合は，診断士としての登録要件を満たさないこととなります。3年以後に改めて登録を検討したとしても，第1次試験からのやり直しになってしまうのです。

(2) 申請要件

申請には，次の実務要件が求められます。

第2次試験合格日以降で，以下のいずれかの実務要件（15日以上）を満たすこと。
1. 登録実務補習機関が行う実務補習を受講したこと
2. 中小企業者に対する経営の診断助言業務または，経営の窓口相談業務に従事したこと

　診断士とは，経営の診断及び経営に関する助言を行う業務です。合格以降この業務に携わることが，上記要件の第2項にあたります。診断助言業務などの機会がない試験合格者にこの業務従事の機会を提供することを「実務補習」といい，上記要件の第1項にあたります。試験合格者の多くが，この実務補習を受けることになります。

　では，中小企業診断協会が開催する場合を例にとり，実務補習の概要をご紹介します。この実務補習では，5日間で1つの企業の診断助言業務を行います。15日の実務要件を満たすためには，これを3回行う必要があるのです。実務補習は，診断助言業務を3回続けて行う15日間コースと，別々の機会に行う5日間コースに分かれています。実務補習の実施時期は，2月・3月と7月・8月・9月の2回で，15日間コースは2月・3月のみ実施されています。この実務補習の申込締切は，それぞれ1月及び5月で，札幌，仙台，東京，名古屋，大阪，広島，福岡の7地区で開催されます。受講に係る費用は，5日間コースで6万円（税込），15日間コースでは18万円（税込）です。

(3)　実務補習と実務従事

　試験合格後には，「実務補習」，「実務従事」という言葉をよく耳にすることになりますが，どういった違いがあるのでしょうか。実務補習と実務従事には，特に実施内容に違いはありません。試験合格後，診断士登録に必要な15ポイントを取得するためのものを「実務補習」，その後，5年ごとの資格更新要件に必要なポイントを取得するためのものを「実務従事」と呼びます。中小企業診断協会が実施するもの，民間企業が実施するもののどちらでも必要なポイントを取得することができます。合算で必要なポイントを満たすことができれば，

どのような内訳でも問題ありません。

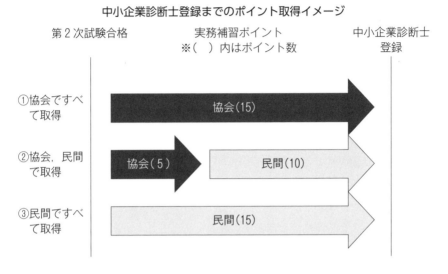

中小企業診断士登録までのポイント取得イメージ

どのような内訳でも15ポイント取得できれば問題なし

　実施内容は，1名の指導員（副指導員がつく場合もあります）のもと，5〜6名程度でチームを組み，経営診断を行っていくというものです。1日の診断につき，1ポイントを取得できます。

　実際の診断は，1人ですべて対応することが多いですが，実務補習，実務従事においては，チームを組んで，戦略担当，財務担当，運営担当などと機能別に担当を分けて診断を行うことになります。登録後のことを考えれば，自分の担当分はもちろんですが，それだけで満足せず，担当外の部分まできちんと診断できるようにしておくことが必要でしょう。

　中小企業診断協会が実施するものは，診断先へのヒアリング，報告が平日となるため，会社員の方は会社を休む日が必要になります。15日間コースに申し込む場合は，1か月超の短期間で計6回程度，休みが必要になるので，ご自身の都合と照らし合わせて申込みを行うようにしてください。

　実務補習，実務従事に参加するメリットとしては，基本的な診断の流れを理

解できるようになることなどがあります。試験勉強で学んだ SWOT などの知識を実践で存分に活用してください。また，合格直後の実務補習への参加は，多くの同期とのつながりを作る機会にもなります。

　期間中は，本業と並行して，決められた期間内で提案書を完成させる必要があります。睡眠時間を削っての作業が必要になる場合もありますが，それらの経験は決して無駄にならずに自分の財産となるでしょう。つらいことを一緒に乗り越えたチームメンバーは，将来にわたって助け合える仲間になるかもしれませんので，大切にしてください。

⑷　最短登録（5月登録）のモデルケース

　令和2年度の例を用いて，試験合格者が登録する際のモデルケースをご紹介します。12月に診断士試験に合格後，実務補習15日間コースを利用し申請した場合，最短で診断士として登録される月は，5月になります。

実務補習15日間コースによる最短の登録スケジュール

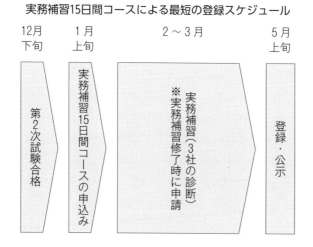

12月下旬	1月上旬	2〜3月	5月上旬
第2次試験合格	実務補習15日間コースの申込み	実務補習（3社の診断）※実務補習修了時に申請	登録・公示

　実務補習の募集は，12月中旬から中小企業診断協会のホームページに掲載されます。口述試験の合格発表は12月下旬となるため，前後しています。2月から実施される15日間コースの実務補習の申込締切は1月上旬です。そのため，合格発表から締切までの期間は2週間しかありません。さらに，応募者が多く

なる東京，名古屋，大阪には定員があり，この地区では先着順となります。つまり，15日間コースの申込みを目指す合格者にとっては，口述試験の合格の余韻に浸る時間はありません。なお，15日間コースに限らず，実務補習の日程には平日が含まれます。仕事をされている合格者は，申込みにあたって，2月〜3月の業務調整が必要です。この実務補習の修了時に，申請書を提出し，登録を待つことになります。5月には官報に掲載され，同時期に中小企業診断士登録証が郵送されてきます。

ただし，令和4年度の第2次試験の合格発表は，令和5年2月1日となっているため，1月中に募集が締め切られる15日間コースに申し込むことはできません。そのため，令和4年度の試験に合格された方が実務補習を受けて登録する場合は，7月〜9月のコースを受講した後の登録となります。

なお，この登録には有効期限があり，それが5年です。その更新登録には更新要件を満たす必要があります。5年間で30日間の実務要件（実務従事30ポイント）と，知識補充要件として同じく5年間で5回の研修参加です。詳しくは中小企業診断協会のホームページを確認してください。

(5) 第1次試験合格後，養成課程等を修了する場合の登録

これまでご紹介してきたように，診断士として登録するには，第1次試験と第2次試験にそれぞれ合格し，実務補習などによる実務要件を満たす必要があります。しかし，これとは別に養成課程等を受講・修了することによって，第2次試験と15日間の実務補習が免除され，登録することが可能です。養成課程等には，中小企業大学校が実施している養成課程と，大学などのその他の機関が実施している登録養成課程があります（以下，養成課程等）。

では，養成課程等の受講までの流れを簡単にご紹介します。養成課程等は，受講料と一定期間の通学が必要となります。受講料は最も安価なもので180万円，最も高額なものは400万円程度必要となりますが，教育訓練給付制度の対象となるコースもあります。期間は半年から最長で2年程度ですが，平日の夜や週末に受講できるカリキュラムも開催されており，お勤めの方でも仕事と両立することが可能です。

　これらの養成課程等には，受講に先立って審査があります。審査は書類審査ないし面接審査です。ただし，通常の大学受験のような勉強は不要です。第 1 次試験がそれを代替しており，ここで想定される審査とは，診断士としての資質などの確認となります（受講に際しての詳細は，養成課程等の実施機関にお問い合わせください）。

　養成課程等は，費用と期間が必要となる半面，第 2 次試験や実務補習などが免除になるプロセスです。ある程度確実に診断士としての登録をしたいとお考えの方はご検討ください。

　以下に，中小企業基盤整備機構のホームページに掲載されている中小企業大学校が実施する養成課程のカリキュラムを図示します。中小企業大学校では，秋期（9 月開講），春期（3 月開講）の概ね 6 か月でカリキュラムが組まれています。カリキュラムの内容は，診断士登録後の診断実務を意識したものです。それらを長期間かけて取り組むので，登録時点においては，第 2 次試験合格者より実践的な能力を身につけることができるでしょう。民間で実施する養成課程では，同様の内容を 1 ～ 2 年間かけてスケジュールを組んでいるところなどもありますので，ご自身の都合に合わせて選択をしてください。

養成課程等の受講料と開催時期（2022年 7 月末日現在）

	受講料	開催期間
中小企業大学校	2,343,000円	約半年（平日の日中）
その他登録養成課程	180～400万円程度	半年～ 2 年

養成課程のカリキュラム

中小企業診断士養成課程の流れ

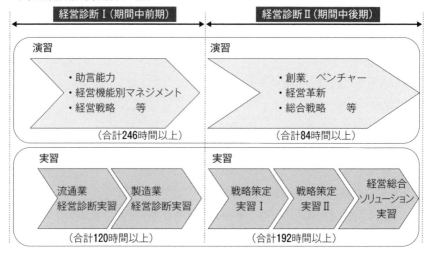

3 中小企業診断士の実態

(1)　中小企業診断士のタイプ

　はじめに，診断士のタイプを２つご紹介します。診断士は，独立したプロの
コンサルタントである「プロコン診断士」と，企業や団体に所属する「企業内
診断士」の２つのタイプに大別されます。ここでのプロコン診断士には，独立
していないがコンサルティング会社に勤める診断士も含め，広く他社のコンサ
ルティングを業務とする者とします。

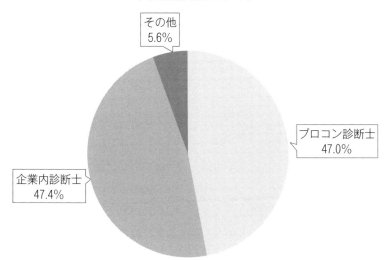

中小企業診断士のタイプ

その他 5.6%

プロコン診断士 47.0%

企業内診断士 47.4%

（出所）中小企業診断協会「データでみる中小企業診断士2016年版」

　上記の図から，診断士の約半数は企業内診断士であることがわかります。

(2) 中小企業診断士の主な業務

　診断士の業務は，主に「公的業務」，「民間業務」，「研修」の3つに分類されます。

中小企業診断士の主な業務

	概　要	業務内容
公的業務	公的機関からの受注業務	窓口相談，専門家派遣等
民間業務	民間企業からの受注業務	事業計画，販促支援，事業再生等
研修	特に，一般企業向け研修	専門研修，マネジメント研修等

　「公的業務」は，行政機関や中小企業支援センター，商工会議所・商工会などから委託された業務で，中小企業の経営者の相談に乗る「窓口相談」や企業を訪問してコンサルティングする「専門家派遣」，創業や経営に関する「セミナー講師」などが挙げられます。地方ほど独立診断士の数が少なく，公的業務に携わる割合が高くなるようです。

　次の「民間業務」は，直接，一般の中小企業からの依頼を受けて行うコンサルティング業務です。その業務内容は，事業計画の策定支援，金融機関からの融資支援，マーケティングコンサルティング，Webを含めた情報システム，事業再生や事業承継などが挙げられます。民間業務は，人によって活動領域はさまざまです。

　最後の「研修」は，企業研修などで，専門分野の研修のほか，ロジカルシンキングや問題解決，マネジメントといった一般的なテーマ研修も含まれます。なお，企業研修は，中小企業向けより大企業向けが多くなるようです。

　ほかにも，診断士の受験専門機関や養成課程で講師業，大学や専門学校で教鞭など，「話す・教える」という内容も業務となります。

　上記を公的業務と民間業務（研修を含む）に大別した場合，実際に経営コンサルタント業務を行っている診断士の売上に占めるこれら業務の割合は，民間業務のほうが高くなっているようです。

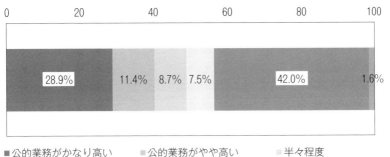

公的業務と民間業務の割合

(出所) 中小企業診断協会「データでみる中小企業診断士2016年版」

(3)　企業内診断士

　企業内診断士の場合，勤め先で資格を活かすためには，企業内で経営の戦略部門に在籍し自社や関連企業の診断業務を行うことや，幅広い経営知識を新規事業立上げなどのプロジェクト責任者として活かすことなどが挙げられます。一方で，勤め先以外で活かしていくためには，企業内ならではの悩みがあります。勤め先の就業規則で副業禁止が明記されている企業も多く，また，日中は通常業務をこなす必要があるため，社外での診断業務などは限られているのが実態です。

　その結果，休日などを使った活動が中心となり，中小企業の経営に踏み込む診断活動は，プロコン診断士に比べると少なくなってしまいます。そこで，週末や短期間の稼働で行える業務として，休日も対応している公的業務の窓口相談や民間業務の補助金の申請支援などを行う診断士も見られます。これらの業務についてご紹介します。

　窓口相談は，指定された日に経営者や起業を目指す方などの相談に応じるものです。それぞれの相談時間は1時間程度ですが，事前に相談内容はわかりません。「創業したい」，「アイデアを実現したい」，「お金を借りたい」，「補助金が欲しい」，「売上をあげたい」，「人を採用したい」，「営業先を紹介してほしい」など，相談内容は異なりますし，業種業態も異なります。これらすべてを，

限られた時間で解決まで進むことは困難です。窓口相談では，相談相手の次に
やるべきことの整理や，当初の相談内容とは異なっているが取り組むべき課題
に対する気づきを与える，そのような「聞く・整理する」という役割も求めら
れるのです。

補助金の申請支援は，金融機関や会計事務所といった資金計画と密接な機関
からの紹介，もしくはホームページなどを使って直接企業からの受注などから
始まります。これは，補助金の趣旨に合致する事業を計画する相談企業に対し，
企業の成長イメージを具体化し，その実施体制を検討し，確実な事業推進まで
を計画として落とし込む業務です。ものづくり補助金等においては，製造業の
設備導入の支援も多く見られます。しかし，申請支援は製造業の経験がなくて
も取り組み可能です。補助金の申請支援とは，計画としての具体化とその実施
支援であり，窓口相談と同様に「聞く・整理する」という役割が求められてい
るからです。

(4)　プロコン診断士

プロコン診断士の業務は非常に多様です。先の公的業務，民間業務，研修の
すべてを網羅的に行う診断士から，事業再生など特定分野での経験が豊富な診
断士まで，非常にバラエティに富んでいます。ここでは企業内診断士が限られ
た時間で取り組むことが難しい，公的業務の専門家派遣や民間業務についてご
紹介します。

専門家派遣は，商工会議所などの公的機関に相談をした中小企業に対し，公
的機関に登録されている診断士などの専門家を派遣するものです。ここでの相
談テーマはさまざまで，販売促進から原価管理，また，事業承継などの課題に
ついての指導・支援が行われます。専門家派遣されるためには，公的機関への
登録が必要となります。

民間業務は非常に多様です。そのため，業務それ自体ではなく，民間業務の
受注の一例をご紹介します。たとえば，公的業務である専門家派遣，または金
融機関などからの紹介による補助金の申請支援といった業務をきっかけに，そ
の企業と顧問契約や新たな診断業務を受注したり，また，ある事業再生の仕事
が信用保証協会などから評価を受け，別の事業再生の案件につながるなど，診

断士の仕事は紹介からの受注が多いことも特徴です。日々，目の前の仕事と丁寧に向き合うことが，新たな仕事の受注につながるのです。

　診断士の仕事は，企業経営に向き合う仕事です。経営に正解がないように，診断士にも正解はありません。診断士の多くが，業務の受注戦略や自分の専門性をどのように作るのか，といった自身のマーケティングに悩みながら，日々，目の前の仕事に丁寧に取り組んでいるのが実態といえます。

中小企業診断士に関わる公的機関

　診断士は，名称独占資格ではありますが，業務独占資格ではありません。そのため，「取ってもあまり意味がない」，「診断士でなくとも経営コンサルタントはできる」と言う人もいます。しかしながら，公的機関の経営支援業務（窓口相談員や専門家派遣など）においては，診断士であることが求められることが多く，こうした業務に携わるには必須の資格となっています。診断士と関係の深い公的機関がいくつかありますので，ご紹介します。

(1)　商工会／商工会議所

　商工会／商工会議所は，各地域の中小企業・小規模事業者を会員とする組織で，会員企業の経営相談等の業務を行っています。

　商工会と商工会議所には，次のような違いがあります。

商工会議所と商工会の比較

	商工会議所	商工会
根拠法	商工会議所法	商工会法
主管官庁	経済産業省	中小企業庁
管轄範囲	市区単位	町村単位
会員規模	大企業〜中小企業	中小企業〜小規模事業者

　商工会／商工会議所から診断士に依頼される業務は，主に下記の3業務があります。

①　窓口相談

地域の小規模事業者や創業希望者に対して，経営相談を行います。窓口で，資金繰り，経営全般，創業支援等の相談に乗り，経営計画の策定の支援等も行います。

②　専門家派遣

診断士は，ミラサポ plus（https://mirasapo-plus.go.jp）といった専門家データベースに登録することができます。そうしたデータベースに登録しておくと，商工会等のクライアントから，支援内容にマッチしそうな診断士が検索され，支援企業への派遣依頼が来ることになります。このような依頼は，中小企業診断協会や知り合いの診断士経由で来ることも多く，人脈が大事になってきます。

③　セミナー講師

商工会／商工会議所では，会員企業向けに，さまざまなテーマのセミナーを企画・開催しています。そうしたセミナーの講師を診断士が依頼されることがあります。

(2)　産業振興センター

各自治体の産業振興センターにおいても，商工会と同様の経営支援を行っており，診断士が活躍しています。これから創業する方，創業して間もない方などに対して，事業計画書の作成支援等も行います。

(3)　よろず支援拠点

よろず支援拠点は，中小企業・小規模事業者を経営支援するために，国が全国に設置した無料の経営相談所です。よろず支援拠点のチーフコーディネーター，コーディネーター（相談員）として，診断士が経営相談業務を行っています。

⑷　全国中小企業団体中央会

　全国中小企業団体中央会は，中小企業を組織化し連携を強化することで，中小企業を経営支援していこうとする団体です。中小企業を取り巻く問題解決のため，政策提言といった活動も行っています。

　全国中小企業団体中央会では，診断士が専門相談員として，経営支援を行っています。

⑸　日本政策金融公庫

　日本政策金融公庫は国の政策金融機関で，創業資金の融資などを行っています。新規開業資金融資，中小企業経営力強化資金融資などがありますが，その際，必要となる事業計画書の作成などの融資支援を診断士が行うことがあります。

5　中小企業診断協会，研究会活動

　登録が無事済んで，あなたは晴れて診断士となりました。官報に載った名前を確認し，中小企業診断士登録証を手にすると，診断士になったんだなという実感も湧き，喜びもひとしおかと思います。

　しかし，これがゴールではありません。試験の合格，診断士登録はあくまで通過点。これからが，診断士としてのスタートです。

　それでは，登録の後，どういう活動をすればよいのでしょうか？

(1)　中小企業診断協会

　まずは，中小企業診断協会への入会をおすすめします。中小企業診断協会とはどういう団体でしょうか？　ホームページには下記のように記載されています。

> 　当協会は，中小企業診断士相互の連携を緊密にし，資質の向上に努めるとともに，中小企業診断制度の推進と普及を図り，もって中小企業の振興と国民経済の健全な発展に寄与することを目的とし，昭和29年（1954年）10月に設立されました。その後，中小企業支援法（昭和38年法律第147号）に基づく中小企業診断士試験を実施する指定機関として経済産業大臣の指定を受けています。また，中小企業診断士の登録等及び試験に関する規則に基づき実務補習及び更新研修を実施する機関として経済産業大臣の登録を受けています。

　中小企業診断協会は各都道府県にあり，居住地にかかわらず，どの都道府県の協会でも入会できます。複数の協会に所属することも可能です。入会に際しては，入会金30,000円，年会費として50,000円（東京都中小企業診断士協会の

場合。都道府県協会ごとに異なります）がかかりますので，入会しようか迷われている方も多いかもしれません。協会に入会しないと診断士活動ができないというわけでもありません。

　しかし，迷われているのでしたら，まずは入会してみることをおすすめします。というのも，診断士の活動をまったくゼロから1人で始めるのはかなり困難ですし，合格時の高揚感を保ちつつ診断士活動を継続するには，先輩診断士や仲間の診断士との人間関係を築くことが大切だからです。まわりの診断士に信頼されてはじめて，仕事の依頼も頂くことができます。

　5年後の更新ができず，約1割の方が登録の消除（登録抹消）となっている現実もあります。せっかく取得した診断士の資格です。有効に活用していきたいところです。

　中小企業診断協会は，総務部，経理部，広報部，研究会部，会員部，国際部，地域支援部等々といった部から構成される組織です。このような部に所属し，協会の活動を通じて，活動実績や人脈を作ることもできます。

　また，中小企業診断協会に入会することで，研究会やマスターコースへの参加の機会も得られます（中小企業診断協会への入会が必須でない研究会，マスターコースもあります）。

中小企業診断協会の組織

中小企業診断協会

- 総務部
- 経理部
- 広報部 etc.

- 研究会 1
- 研究会 2
- 研究会 3 etc.

- マスターコース A
- マスターコース B
- マスターコース C etc.

(2)　研究会

　中小企業診断協会には，診断士の能力向上や研鑽を積むための場として，驚くほど数多くの研究会があります。東京協会認定の研究会に限っても65もあり（2022年 8 月時点），どこに入ればよいか悩むほどですが，少しでも面白そうと感じた研究会が見つかったら，見学してみるとよいでしょう。入会希望者はどこの研究会でも歓迎されますし，一度顔を出したら辞められないというものでもありません。

　製造業関連，IT 関連，環境関連，衣食住関連，医療・福祉関連，地域支援関連等々，あらゆる分野の研究会がありますので，どこか 1 つは興味ある研究会が見つかると思います。診断士登録前（診断協会準会員）でも参加できますので，まずは，足を運んでみましょう。研究会の内容，メンバー，会の雰囲気などは，その場に参加してみないとわかりません。自分に合った研究会を見つけるには行動あるのみです。

　いくつかの研究会に参加してみると，わかることがあります。「診断士になると，びっくりするくらい人脈が広がる」と受験生時代に聞いていたことが，「ああ，本当だった。このことだったのか」と実感できます。

(3)　マスターコース（プロコン塾）

　マスターコース（プロコン塾）とは，診断士としてのコンサルティング技術向上のために設けられた場です。診断士としての心構えや基本スキルである，「診る」，「書く」，「話す」が身につけられるようカリキュラムが，おおよそ 1 年をかけて組まれていることが多いようです。主に独立を目指す診断士，スキルアップを目指す企業内診断士を受講対象としており，プロコン養成を目的にしているともいえます。

　たとえば東京都中小企業診断士協会の中央支部では下記17のマスターコース（2022年 8 月 1 日時点）が用意されていますので，それぞれのスキル獲得の目的に応じて受講を検討されるとよいでしょう。実務ポイントの獲得が可能なマスターコースもあります。

［東京都中小企業診断士協会中央支部のマスターコース］
- 「新時代型」経営＆チームコンサルティング実戦マスターコース
- シナリオプランナー養成コース
- pwmc パラレルワークマスターコース
- 東京プレゼン塾
- ものづくりプロコン養成コース
- 国際会計と財務戦略マスターコース
- 経営革新のコンサルティング・アプローチ
- プロ講師養成講座
- 稼げる！プロコン育成塾
- 女性のビジネス支援
- ファッションビジネス・リデザイン支援
- 中小企業支援プロジェクトマネージャ養成コース
- アグリビジネス経営支援研究会
- 売れる！人気プロ研修講師・コンサルタント養成講座
- みんなのプロコン塾〜活躍する診断士の王道，テオリア・メソッド！
- 経営コンサルタント養成塾
- 事業承継支援専門家養成講座

第 **2** 部

17人の合格体験談＆キャリア

合格，そして広がった世界

原田　総介

（プロフィールは巻末参照）

 1　1人で噛み締めた喜びの合格発表！

(1)　思わぬ長期戦〜4年かかった1次試験〜

●中小企業診断士試験との出会い

「これだ！」。中小企業診断士（以下，診断士）資格の存在を知った時の気持ちは，今でも覚えています。当時，30代の中盤に差し掛かった頃で，パチンコ店の店長としてお店を切り盛りする中で，自分の能力に不安を抱えながら仕事をしていました。というのも，そこから遡ること3年前，店長昇進試験を初めて受けた際に，外部のアセスメント機関のマネジメント能力を判定する試験が会社で初めて取り入れられ，自分の不甲斐なさを痛感。店長昇進試験合格後もマネジメント能力を高めるためにビジネス書などを読み漁る中で診断士の資格に出会いました。ただ単に本を読んでいるだけでは物足りないと感じていたこともあり，望んでいたマネジメントの知識を体系的に学ぶことができそうだ，とすぐに受験を決めました。そこから予想以上の苦労が始まりました。

●時間捻出に苦労した1次試験

受験勉強を始めたのは2009年でした。その時はまだ子供が小さく，仕事も不規則で，通学での受講が難しかったことから通信講座を選択しました。当時の職場から近かったTAC池袋校の窓口まで直接行って手続きをしました。窓口で話を聞くと，通信でも講義の一部を受講することが可能であったため，モチベーション維持のため講義にも参加可能な職場近くのTACを選びました。

講義はWeb視聴を自宅で行い，暗記や復習は主に通勤中に行っていました

が，なかなかはかどらなかったです。休日は家事に充てていたため，主な勉強時間は夜中と通勤中のみでした。睡眠時間を削って勉強していたため，ストレスから体中がかゆくなったり，湿疹が出たりしたこともありました。3回受験した1次試験では4科目合格のみで，なかなか1次の関門を突破することができませんでした。4回目の1次試験を控えていた2013年1月に転機が訪れました。青森県の店舗に単身赴任することになったのです。まだ小さい子供たちと離れるのはつらかったのですが，時間の確保が容易になり，2013年の1次試験には合格することができました。

●得意科目・苦手科目

　暗記が苦手だったこともあり，得意といえる科目はありませんでした。しかし，企業経営理論や財務・会計は仕事でも役に立つので楽しんで勉強できました。苦手だったのは経済学です。これまで経済学を学ぶ機会がなかったので，グラフを見てもまったく意味がわからず，理解するのに時間がかかりました。その他，経営法務と中小企業経営・政策も法律の暗記が多く，すぐに眠くなってしまい（笑），手こずりました。長時間暗記をしていても頭に残らず定着しないため，通勤時や就寝前などの短い時間にポイントを絞って暗記するよう工夫していました。暗記はそれぞれに合った方法があると思いますが，私は毎日就寝前に2〜3つは暗記する，電車の中で覚えたことを歩きながら頭の中で復唱する，この2つの方法が記憶に定着しやすかったと思います。

●使用した教材

　1次試験はTACのテキスト・問題集のみを使用しました。2次試験ではTACの教材のほか，『中小企業診断士2次試験合格者の頭の中にあった全知識／全ノウハウ』（関山春紀・川口紀裕編著，同友館）や『中小企業診断士2次試験　ふぞろいな合格答案』（ふぞろいな合格答案プロジェクトチーム編，同友館）も活用しました。他の受験生の解答を目にする機会はほとんどなかったので，他の受験生の解答が気になる人にはおすすめです。

受験時に使用したテキスト

●自分に合った勉強方法の確立

　資格試験を受けるのは診断士試験が初めてで，通信講座であったため他の受講生との交流も少なかったこともあり，自分に合った勉強方法を見つけるのに時間がかかりました。診断士試験は暗記の要素が多いことから，繰り返し暗記するための時間の確保が重要だと思います。私は，丸暗記することが苦手だったため，予備校の問題集と過去問題集を何度も解き直し，正答率の低い問題はテキストを見直しました。また，重要論点や頻出問題，苦手な範囲などはメモ用紙をテキストに貼って一覧できるようにしていました。通勤電車では混んでいても勉強できるよう，サイズの小さな問題集を中心に確認していました。

●試験前日はホテルで

　4回目となる1次試験の時は青森県に住んでいたので，仙台会場で受験しました。万が一電車が遅れて受験できないことがないように，前日の夜には仙台会場近くのホテルに泊まっていました。1次試験は2日間の長丁場ですので，早めに就寝し，当日の朝5時には起きて，頻出論点を中心に見直しをしていました。

●モチベーションの維持に苦戦

　1次試験を突破するまでに4年もかかってしまい，モチベーションの維持には苦労しました。特にはじめの3年間の勉強は，子供を寝かせて家事を済ませた後の午後11時以降から始めることが多く，勉強しながら寝てしまうこともたびたびあり，モチベーションを長期間維持するのが難しい状況でした。当時，モチベーション維持のためにしていたのは合格後をイメージすることでした。受験当初は仕事の役に立てばと思い勉強を始めましたが，なかなか合格できずにいる中で，これだけ苦労して資格を手に入れるならもっと資格を活用したいとの思いが強くなりました。その他には，他の受験生がどのように勉強をしているのか，モチベーションの維持にはどういったことをしているのかに興味があったため，受験生のブログをよく見ていました。「診断士　ブログ」で検索すると多くのブログが出てきますが，受験生でこまめに更新している人は3名程度でした。気が乗らない日でも，他の受験生が頑張っている姿をブログ

で見ることで気持ちを切り替えることができました。その他にもグループで合格に向けたアドバイスをしているものもありますし，今では Twitter を活用して情報を発信している受験生も多いので，興味があればチェックしてみてください。

⑵　2次試験に2回目でなんとか合格！

● 2次試験の勉強方法

　2次試験はとにかく過去問や予備校の答練問題など多くの問題を解き，自身の答案と解答例を見比べて，弱みの抽出を行いました。解答するのは1事例1回のみという方がいらっしゃるようですが，私は3回までは解き直しても OK としていました。解いた問題数が多いため，しばらく期間が空けばほとんど内容は頭に残っていなかったので，繰り返し解いても初見と同じ感覚で解答できたためです。また，過去問については，過去5年分はすべて3回以上やりましたので，過去問だけで4事例×5年×3回＝60回は解いたことになります。TAC の問題はあくまで過去問を参考に作問されたものなので，過去問に勝る教材はないと思います。

● 気負いすぎた1回目

　4年かけてやっと手に入れた2次試験の切符。今思うと，何としても1回で合格したいと気負いすぎていたと思います。前日から仙台のホテルに泊まり，早めに寝ようと思っていましたがなかなか寝つけず，しばらくやめていたお酒を飲んでみましたがそれでも寝つけず，やっと眠れたのは朝方でした。2時間も寝られませんでしたが，すっきりとした気分で起きることができて，普通に朝食もとって試験会場に向かいました。事例ごとにポイントをまとめたノートを見ながら試験の開始を待ちましたが，事例 I が始まる直前には緊張がピークに達していました。試験が開始して設問・与件文を見ても頭に入りません。何を書いたか覚えていませんでしたが，とりあえず解答欄をすべて埋めたから大丈夫！と自分を励ましながらすべての事例をこなしました。振り返っても自分がどのような解答をしたかまったく思い出せない状態でした。

　1回目の2次試験を受けた後は完全に燃え尽き症候群に陥りました。駄目だ

とわかっていたものの，合格発表の日まではまったく勉強せず，診断士関連の
情報にも触れずに過ごしました。予想どおり不合格となりましたが，その後も
年明けまではほとんど勉強せずに過ごしていました。年が明けてから，やっと
少しずつ対策を始めました。自分の答案自体は覚えていませんでしたが，不合
格になった要因を分析してみました。一番の原因は「浮き足立っていたこと」
だと思います。あまりにも意気込みすぎていた結果，それまで固めていたルー
ティーンどおりに解答できなかったことが最大の
原因だと思います。2番目の原因はルーティー
ンを確立できたといえる状態になかったことです。
1次試験が終わってから2次試験までは2か月半
程度の期間しかなく，1次試験合格まで4年かけ
ていたものの，2次試験の勉強にはほとんど手を
つけていませんでした。そのため，2年目は過去
問と予備校の2次試験対策用の問題（4年分溜
まっていたため十分な数の問題がありました）を

```
1402801-00018
1402801-00034
1402801-00061
1402801-00091
1402801-00108
1402801-00130
```

合格時の自分の受験番号

遡って解答し，自分の苦手分野の強化に時間を割きました。そして，翌2014年
の2次試験の前日。2013年と同じく前日から仙台のホテルに泊まり込み，早め
にベッドに横になりましたが，2014年はすぐに寝つくことができました。翌朝
も5時には目を覚ましました。各事例の論点をまとめたノートを見ながら出発
時間を待ち，早めに会場に足を運びました。やはり緊張しましたが，前年ほど
ではありません。それでだいぶ落ち着くことができました。2013年よりも手ご
たえを感じてはいました。しかし，不安を拭えないまま2次試験の合格発表の
日を迎えました。合格発表日の2014年12月12日当日は，仕事に影響が出ないよ
う（落ちたら仕事が手につかなそうなので）帰宅してからWebサイトで結果
を確認しました。「あった…」。何度も間違いないか見直しましたが，間違いな
く自分の番号でした。あまりの嬉しさに声にならない叫びを上げました。

●口述試験に向けて
2次試験の合格発表から12月21日の口述試験まで11日しかありません。それ
までまったく口述試験の準備をしていなかったので，慌てて準備を開始しまし

た。まずは4事例の内容を再確認して，予備校の模範解答も確認。当時，単身赴任でまだ青森県に住んでいたので，TAC池袋校の口述模擬試験の日程を確認して，新幹線を予約し，翌日の模擬試験に参加しました。試験から1か月以上経過しており，事例の内容が頭に残っていない状態で模擬試験を受けたため，準備不足で答えられないことが多く，非常に焦ったのを覚えています。しかし，1回だけでも模擬試験を受けておいたおかげで，本番は落ち着いて受験することができました。2次試験を受けてから合否が判明するまでしばらく時間がありますが，発表後に口述試験の対策を何もしていない！と慌てることがないよう，事前の対策をおすすめします。

●合格からの1年間

2015年1月6日に合格発表があり，1月17日に行われたTAC渋谷校の合格祝賀会に参加しました。当日は，100名以上の合格者が参加しており，活気があったのを覚えています。その中で登壇された先生が合格者へ合格まで何年かかったかを挙手させる機会があり，最も多かったのが2年，次が3年だったと思います。1年で合格された方も意外と多くて，1割以上はいたような気がします。4年以上から少なくなり，5年以上かかっていたのは1割に満たない印象でした。参加者の中で最長は9年の方が1名いましたが，諦めずやり抜いたことを称賛する気持になりました。

青森に戻った後，1年間は遠隔地であったため診断士としての活動はまったくできませんでした。かといって，他の資格の勉強をする気にもなれず，何もしないまま1年間が過ぎていきました。翌2016年の1月に単身赴任が解かれ，埼玉の自宅に戻ってから診断士の活動をスタートしました。

2　超充実！の企業内診断士生活

(1)　仕事面での変化

仕事面での変化はありませんでした。診断士試験に合格したことは社内でも直属の上司など一部の人にしか伝えていませんでした。また，資格を活かした

社内での活動も一切行っていなかったので，特段の変化もなく過ごしました。

(2)　こんなにある！　診断士活動の実情

　これから受験される方はもちろん，受験中の方も合格後の活動については最も興味があるところだと思いますし，勉強のモチベーション維持のためにも合格後のイメージをしっかりと持っておくことが大事だと思います。すでに予備校などでネットワークをお持ちの方は中小企業診断協会や副業での活動イメージをお持ちだと思います。ここでは私と同じように1人で勉強している，もしくは1人で勉強する予定の方に向けて私自身の経験を述べたいと思います。

　診断士として活動を始めた2016年は東京都中小企業診断士協会（以下，東京協会）中央支部のマスターコースや部会活動，研究会に参加しました。私が参加しているものをそれぞれ述べていきますが，本書を手に取っている方それぞれに合った活動が見つかれば幸いです。

　合格後1年間は青森県で過ごしていたので，東京に戻った時にどのような活動をしようかインターネットで検索していました。調べ方が甘かったのだと思いますが，インターネットでの検索では合格後にどのような活動をしているのか，いまいちわかりませんでした。ただ，その中でも目に留まった東京協会の新人向けイベントに参加してみることにしました。予備知識がほとんどないまま，東京協会のスプリング・フォーラムというイベントに参加したのが診断士活動のスタートとなります。同フォーラムは，東京協会最大のイベントで，運営側も合わせて数百名が参加します。診断士に知り合いもおらず，右も左もわからない状態で参加したため，東京協会に支部があることも知らず（スプリング・フォーラムの専用Webページにはちゃんと記載されています）に，ごった返す人の中をグルグルと歩き回っていました。東京協会には全6支部ありますが，その中で最大の会員数を擁する中央支部のブースを見てみることにしました（ただ単にブースが一番大きかったので足を向けてみただけですが）。多くの研究会やマスターコースがブースを出展して新規入会者の勧誘をしています。受付で配布されるネームプレートは既会員・未入会などで色分けされているため，未入会を示す黄色のネームプレートを下げていると一斉に勧誘されます。その熱量でかなり及び腰になりながらブースを回っていきました。多く

の研究会やマスターコースが勧誘する中で，優しく声をかけていただいた方の
ブースで足が止まりました。その方に「特にお知り合いがいなければ，この後
の懇親会にも顔を出してください」とご案内いただき，その後，懇親会場でも
お話した結果，その方が所属するマスターコースに参加を決めました。東京協
会には多くのマスターコースがあり，診断士としての基礎を身につけることが
できるコースや専門性の高いコースなどさまざまなコースが存在します。1年
間同じメンバーで学ぶことができるため，スキルの習得だけでなくメンバー間
の関係性を深めることもできます。卒塾して5年経った今も多くの方との交流
が続いていますので，その後の診断士活動を行ううえで大きな財産になってい
ます。

　その翌年には別のマスターコースに参加しましたが，卒塾後も事務局として
活動を続けています。私の場合は2年間で2つのマスターコースに参加し，基
礎を学ぶコースに参加した後に専門性の高いコースに参加しました。中には1
年で2つのマスターコースに参加するツワモノもいますが，多くのマスター
コースでは月1回の講義のほか，毎回ではないですが宿題も出されますので，
社会人の場合は特に年1つの参加をおすすめします。

　次に部会活動ですが，東京協会に入会する場合は6つある支部のいずれかを
選ぶ必要があります。選ぶポイントはさまざまだと思いますが，私は参加した
マスターコースが中央支部であったため，そのまま中央支部に入会しました。
部会やその他の支部活動は会員のボランティアで支えられており，診断士活動
に積極的に取り組んでいる方が非常に多い印象です。所属する部会だけでなく，
他部会の方や協会の理事の方などと知り合うこともできるため，診断士の人脈
を広げたい方にはおすすめです。私自身は中央支部の総務部と青年部に所属し
ました。部会それぞれで役割が異なりますが，総務部では主に中央支部の部室
管理を行っていました。青年部ではセミナーを青年部主催で行っており，その
サポートを行っていました（現在はその他の活動量が増加したため出席してい
ません）。

　診断士活動を開始した3年目の2018年からは副業も開始しました。診断士の
副業として多いのは，診断士業界誌の記事の執筆や補助金申請の支援，受験校
の問題作成や講師，その他診断協会から紹介される業務などが多いです。私は

受講した2つのマスターコースがきっかけとなり，補助金申請の支援や事業再生デューデリジェンスの実施と実行支援，M&Aの仲介などを行っています。私の場合は，副業で十分な経験を積んだ後，2021年3月に独立を果たすことができました。

　資格を取得してすぐに独立される方もいらっしゃいますが，私は仕事をしながら副業でいろいろな経験を積んでいき，自分のやりたいことを見つけていくのがよいと思います。診断士は独占業務がない分，活動の範囲が広いため，自分がどの分野に興味を持つか，生業としていきたいかなどを見つけるのには時間がかかると思います。いきなり独立すると，仕事を選べないだけでなく，見つからない場合もあるようなので，十分に見極めてから行動したほうがよいと思います。

3　これから受験を志すあなたへ

　診断士試験は，最短1年，多くの方が2～3年勉強して合格します。その間ずっとモチベーションを維持するのは非常に難しいですし，努力すれば必ず合格するわけでもありません。その勉強期間では，嬉しいことよりも苦しい時間のほうが圧倒的に多いと思いますし，仕事が忙しい，答練や模試の成績が上がらないなど勉強を辞める理由（誘惑）はいくらでもあります。

　ただ，合格後には今までと比べられないほど大きな世界が広がっています。合格して診断士として活動を続けていれば，今までお付き合いのなかった多くの方に出会うことができます。さらに，これまで経験したことのない仕事に携わるチャンスも圧倒的に広がります。私が受験生時代に見ていたブログを書いていた方や使用していた書籍の著者にもお会いする機会がありました。きっと本書を手に取っていただいた方の中でも，合格後にはご自身が利用した書籍，Webサイトの作者と出会うことができると思います。

　現在受験中でモチベーション維持に苦労している方はもちろん，受験を迷っている方，不合格になってしまい辞めてしまおうか迷っている方は，合格後のイメージを強く持っていただき，本書が勉強を続けるモチベーションになれば幸いです。ぜひ，合格後にお会いできるのを楽しみにしています！

1.5年でギリギリ合格し，ダブルライセンスの世界へ！

藤本　江里子

（プロフィールは巻末参照）

1　1.5年で合格を目指し，勉強をスタート

(1)　加点措置でギリギリ合格の1次試験

●中小企業診断士を目指したきっかけ

大学卒業後は銀行に就職しました。もっと中小企業の役に立ちたいと思うようになり，転向して税理士になりました。会計事務所で勤務する中で，「これ以上節税できないなら，売上をどうやって上げたらいいか教えてほしい」と，経営に関する質問を受けることが多くなりました。友人から女性の中小企業診断士（以下，診断士）の数が少なく，需要があることも聞き，診断士を目指すことにしました。

●通学か独学か

資格を取ろうと一念発起したのが，2015年1月下旬頃です。会計業界では繁忙期にあたる時期でした。税理士資格の取得のために予備校に通っており慣れていたので，学校に通うことにしました。怠惰な性格なので通信は向いておらず，通学で考えていました。税理士受験生時代も含めた受験経験から，<u>自分に合った勉強スタイルは何か？　どのような環境なら勉強を継続でき，モチベーションが下がらないか？を見極めることが大事</u>だと思っています。

●通学のコース選択

資格の学校TACには，1.5年本科生というコースがありました。1年目に

1次試験の科目合格（経営情報システム，経営法務，中小企業経営・政策の3科目）を目指し，2年目に1次試験の残りの科目と2次試験に合格することを目標にするカリキュラムです。教育訓練給付金を受けられないコースだったので少し残念でしたが，これならスタート時期が繁忙期でも無理なく学習できそうだと思い，申し込みました。

●勉強スタイル

平日は残業になることが多かったので，勉強時間は基本的に休日だけでした。土曜日に講義を受講し，講義が終わってから自習室で勉強，日曜日も自習室で勉強するというスタイルでした。家で集中できないなら，自習室の利用をおすすめします。周りが勉強していると，自分もやらないと！と思えるのでおすすめです。

教材のうち，1次試験受験用に使ったのはTACのテキストと過去問題集です。講義を受けてさらっと復習したら，あとはひたすら過去問を解いていました。過去問は難易度を知るためにも，早めに手をつけたほうがいいと思います。テキストの内容がある程度頭に入っていれば意外に解けます。

●1年目と2年目のテンション

1年目はどのくらいのテンションで勉強すれば合格できるのかわからなかったので勉強のモチベーションが上がりきらず，日曜日はサボってしまうこともありました。1年目は勉強していない科目も記念受験しましたが，勉強がはかどった中小企業経営・政策1科目だけの合格でした。「これは本腰を入れて勉強しないといけないな…」と思い，気合いを入れ直す形で2年目を迎えました。

●自分に合った先生を見つける

2015年8月に1次試験が終わり，9月末頃からTACの講義がスタートしました。1年目の最後のほうで講義の振替受講をしたところ，自分に合う先生を見つけました。社会人だと，仕事で疲れたことを理由に講義を休みたくなることが少なからずあると思います。しかし，自分に合った先生なら，講義に行くモチベーションも，勉強のモチベーションも維持できます。予備校に通う方

は，ぜひ早いうちに自分に合った先生を見つけてください。特にTACは先生に裁量があるので，同じテキストでも先生によって教え方が違います。予備校に通っている場合，授業で寝てしまう，面白いと感じない，勉強のモチベーションが上がらないというときは，先生が自分に合っていない可能性があります。他にベストな先生がいないか，探してみてください。

●得意科目と不得意科目

　得意科目ですが，職業柄，財務・会計が得意と思われがちです。でも，実はそんなことはありません。たしかに，財務・会計の出題範囲の半分は簿記会計なので，そこは勉強しなくても対応可能です。ただ，残り半分の財務分析や管理会計，ファイナンスなどは税理士の試験範囲にはなく，文学部出身の私には勉強する機会はありませんでした。車を作る能力と車の運転技術は別であるように，財務諸表を作る能力と，財務諸表や投資を見て分析できる能力は別ものです。簿記会計は実務で使っているので楽に問題が解けますが，だからこそあえて簿記の勉強をしないように注意していました。それ以上やっても合格率は上がらないと思ったからです。税理士資格があれば財務・会計を申請により免除にできましたが，免除はしませんでした。2次試験のために簿記以外の範囲を早くから勉強しておいたほうがいいと判断したためです。

　苦手科目は，経済学，企業経営理論，経営情報システム…と，いっぱいありました。経済学はお初にお目にかかる分野で，理解に苦しみました。企業経営理論はまれに勘でいけてしまう人がいると聞きますが，私は勘で答えてもまったく合わないタイプでした。でも，くじけず問題を解き続けているうちに，試験直前の6月頃から答えが合うようになってきま

経営情報システムまとめノート（略語がなかなか覚えられなかったので元の意味を書いている）

した。なぜ合うようになったのか，今でも理由はよくわからないのですが…。私は義務教育の時代から丸暗記ができないタイプで，横文字やアルファベットが特に覚えられません。横文字オンパレードの経営情報システムは苦労しました。

　ノートを使った勉強は，時間のない社会人には向かないという考えで，極力テキストに書き込んで勉強するようにしていました。しかし，経営情報システムの単語のように，あまりに覚えられないものは，ノートにまとめて何度も見返すようにしていました（前頁下の写真をご参照ください）。

　診断士試験は，得意科目で点数を稼いで苦手科目を補うことができるような制度になっています。ただ，40点の足切りがあるので，得意科目だけに偏った勉強はリスクが高くなります。得意科目はある程度まで勉強すると，それ以上得点は伸びにくいので，同じ努力をするなら，苦手科目の底上げに時間を使ったほうが得策だと思います。ただし，難しい問題に正解する必要はありません。難しい問題や初出の問題は全員が解けないからです。過去問で，頻出問題であるA，Bランクは絶対に間違わないようにする，といった対策が有効です。

●勉強の仕方

　税理士試験も暗記の要素が大きい試験で，暗記については10冊以上の本を読んでいます。2つの試験を終えて思うのは，人間はどうしても忘れる生き物なので，「繰り返し見て，覚え直すしかない」ということです。暗記法については，脳科学者である池谷裕二さんの『最新脳科学が教える　高校生の勉強法』（ナガセ）という本が読みやすくておすすめです。そこでも書かれているように「エヴィングハウスの忘却曲線」を意識して，忘れた頃に覚え直すと効果が高いです。年齢が気になる方は，池谷裕二さんと糸井重里さんの『海馬—脳は疲れない—』（新潮社）という本も読んでみてください。年を重ねるほど記憶力が上がるということがわかり，自信が持てると思います。

●勉強のペース

　診断士の試験サイクルは，他の試験が約1年であることに比べると，長いほうになります。試験の勉強をスタートするのが9月で，1次試験が翌年の8月，

　2 次筆記試験が10月で口述試験が12月なので，1 年以上アクセルを踏み続けないといけない試験です。初期からハイペースで勉強すると，よほど体力・精神力に自信がある人以外は途中で息切れしてしまうと思います。<u>4 月までは多少サボってもいいかなくらいで勉強し，ゴールデンウィークくらいからサボりなしの本気モードで勉強する</u>といいと思います。

●試験直前期と試験日の過ごし方

　試験の 1 か月くらい前からは，体を慣らすために試験時間と同じ時間に同じ科目を勉強するようにしていました。試験の 1 週間前までは多少無理してでも全力で勉強し，試験直前 1 週間は体調を整えるために規則正しい生活を心がけました。お腹を壊してはいけないので，ゲン担ぎでカツ丼を食べたい場合は，前日ではなく，2 日前にするというリスクマネジメントもお忘れなくです。

　試験は 2 日間にわたりますが，私は 2 日目の試験が終わるまで，解答速報や受験生の感想は一切見ない，受験仲間とも連絡を取らないことに決めていました。<u>試験は自分との戦いです。</u><u>試験時は精神的に不安定になりやすいので，余計な情報を知らないほうが精神安定につながる</u>と思います。

●1 次試験の得点

　得点開示で 1 次試験の点数がわかっているので，ご紹介します。

得点開示の結果

経済学・経済政策	財務・会計	企業経営理論	運営管理	経営法務	経営情報システム
68点	76点	78点	58点	60点	40点

　経営情報システムは 2 回受験しましたが，いずれの年も平均点が40点を下回っていた年でした。2 年目は36点だったのですが，4 点の加点措置があり，足切りになりませんでした。ギリギリでしたが，なんとか目標どおり 2 回目で残りの科目すべてに合格できました。

(2) 過去問を解き続けて合格した2次試験

●結果が出るまでの過ごし方

8月6日・7日に1次試験を終え，経営情報システムは自己採点で足切り不合格の可能性があるとわかりました。救済で加点措置があるだろうという噂もありましたが，あまり信じられませんでした。ですので，2次試験の勉強に本腰を入れる気になれず，9月6日に結果が出るまでは無為に時間を過ごしていました。ただ，1次試験終了後から合格発表までの1か月の間に時間があったので，書籍は一通り読みました。TACの先生から試験委員の書籍一覧の配布があり，いわゆる「積読」状態でしたが，2年目の早い段階で書籍の購入だけはしていました。エリヤフ・ゴールドラットの『ザ・ゴール』（ダイヤモンド社）や岩崎邦彦先生の『スモールビジネス・マーケティング』（中央経済社）は，読み物としても大変面白く，診断士の実務でも役立つ内容です。試験勉強に疲れたときに休むことに罪悪感があるという方は，息抜きで関連書籍を読んでみてはいかがでしょうか。

● 2次試験の勉強開始時期

2次試験の勉強を本格的にスタートしたのは，合格発表（2016年9月6日）後からです。

その前はまったく何もしていなかったのかというと，TACの先生が私的に2次対策の勉強会を開催しており，それに参加はしていました。その私的な勉強会では，扱う題材（2次試験の過去問）が事前に決まっていたので，それだけ解いて参加していました。しかし，参加するだけで復習の時間などは取れていませんでした。TACでも2次対策講義はゴールデンウィークなどに開催していたので，参加するだけしていました。そういった機会があるなら，参加しておいて無駄にはならないと思います。

● 2次試験の勉強方法

1次試験の合格を知ってから慌てて2次試験の過去問を解き進めていきました。問題の傾向を掴むため，1次試験と同じく，2次試験も過去問重視でいい

と思います。古い年度の問題のほうがシンプルなので，今の試験制度になって以降の平成13年度から新しい年度の順に解いていきました。古い年度だと，解答がない場合がありますが，インターネットで探せば模範解答を個人的に掲載している人がいるのでそれを参考にしていました。2次試験の直前までかかり，平成13年度以降の過去問はすべて解きました。直近の問題は受験する試験に問題が似ているはずなので，ある程度仕上がってから実力試しのようなイメージで問題を解きました。

●模擬試験の結果

9月中旬頃実施のTACの模擬試験はCランクで，ボーダーライン上という結果でした。「勉強が進んでいない割には悪くない結果かな」とポジティブに捉えました。模擬試験はあくまでも模擬なので，結果が悪ければ復習すればいいだけです。2次試験の日に実力のピークが来ればよく，間違った問題はむしろ伸びしろですので，模試の結果は気にしなくて大丈夫だと思います。

●使った市販教材

2次試験の勉強では，過去問題集のほかに，市販の教材で"全知全能"と呼ばれる『中小企業診断士2次試験合格者の頭の中にあった全知識』と『中小企業診断士2次試験合格者の頭の中にあった全ノウハウ』（いずれも，関山春紀・川口紀裕編著，同友館）を利用しました。2次試験という限られた時間の中で，精度の高い解答をするためには，使えるフレーズをどれだけ知っているかが合格のカギとなります。解答に使えるフレーズや切り口があれば，ノートにストックして繰り返し見るのがおすすめです。

●2次筆記試験の解法

2次試験の解答の仕方については，1回目に問題文を読むときに文章をSWOTに色分けして線を引きました。そして，設問で使った文章は消していき，残りの設問で残った文章で使えるところがないか検討するようにしていました。書き直しは時間のロスなので，いきなり答えは書かず，問題用紙の白紙の部分に解答をある程度まとめてから，最後に一気に書くようにしていました。時間

配分としては，80分のうち，45分を読んで答えを考える時間とし，残りの35分で解答することを目標にしていました。

● 2次筆記試験の得点開示

手ごたえはあまりありませんでしたが，運よく1回で合格できました。得点開示の結果は，事例ⅠとⅡがAで，ⅢとⅣがBでした。

●口述試験対策

口述試験は，2次筆記試験の合格発表の後から対策をしました。TACとLECの模擬面接を受けました。早めに予約したほうが主催者や場所を選べます。口述試験は，緊張しても会話のキャッチボールができれば合格することができます。

(3)　実務補習5ポイント，実務従事10ポイントで晴れて診断士登録

実務補習は5日を選択しました。5日にした主な理由は，平日に休みを取る必要があるので10日は厳しいと判断したからです。残りの10日は，勤務先のお客さまにコンサルティングをし，実務従事ポイントを獲得しました。どの方法でも得るものがあると思うので，ご自身の仕事の状況や経験したいことなどを勘案して選択していただければと思います。

2　世界の見え方が変わった合格後の話

(1)　「診る，書く，話す」のスキルを伸ばすチャンスがやってくる

●診る

私の本業は主に事業承継のコンサルティングです。事業承継で大事なのは，「現経営者が次世代に承継させたいと思うような，また，後継者が承継したいと思うような事業を残すこと」です。事業には必ず寿命があり，時代に合わせて変化させることができなければ続きません。診断士試験の受験勉強をするまでは，税理士として税負担の軽減がコンサルティングの主な内容でした。それ

が，診断士資格を取得することで，コンサルティングメニューの中に経営コンサルティングを入れられるようになり，税務に偏らない立体的な支援が可能になりました。補助金の申請もメニューとして入れることができ，実際に2019年には事業承継補助金の申請をして採択を受けられました。補助金の申請については，「経営コンサルティング養成塾」という有料のプロコン塾で知り合った先輩の診断士に，ものづくり補助金の申請業務の一部を担当させていただき，実践で学ばせてもらえたことが大きいです。診断士になってから，職場の外部で優秀な先輩について指導を受けることのできるチャンスが格段に増えました。

　現在の職場（会計事務所）では，診断士資格を持っていることから成長意欲のある個人事業主やベンチャー企業が多く入居するシェアオフィスでの営業活動にアサインされました。現在では創業支援も行っています。

　また，名刺に診断士という肩書きを書いていると，「診断士って取るのが難しいんですよね」，「診断士なら経営の相談もできるね」「昔，診断士の勉強をしていたんだ」などと経営者の方から言われ，会話が弾みますし，資格を高く評価してもらえていると感じることが多いです。

●書く

　診断士の書く力を鍛える講座を開いている学校（「取材の学校」）もあります。ライターの仕事に応募するときには，実績が問われます。その学校を卒業すると，執筆案件の紹介を受けて，雑誌やWebメディアなどでいくつか記事を執筆する経験を得ることができますので，次の仕事につながりやすくなります。取材交渉の末，2017年の『企業診断』（同友館の発行する月刊誌）12月号で，尊敬する糸井重里さんにインタビューして記事を書くことができました。

●話す

　診断士資格を持っているということで，多摩大学大学院MBAコースで事業承継を教えてほしいというオファーをいただき，2018年から客員教授を務めています。また，中小企業大学校の仕事も紹介いただき，2019年から中小企業診断士養成課程のサブインストラクターの仕事をさせていただき，2021年からは経営後継者研修のアドバイザー業務もやらせていただいています。

48

このように，診断士資格を取得したことで，「診る・書く・話す」スキルを伸ばすことができるチャンスをいただけるようになりました。

(2)　驚くほど広がった人脈

診断士になると人脈が驚くほど広がります。2017年から現在までで，1,000人以上の診断士と出会っています。新しい情報は必ず人が運んできてくれるもので，素晴らしい出会いがたくさんありました。たとえば，本業の事業承継に関して，ある診断士から「ファミリービジネス経営論」という新しい分野の存在を教えてもらったことがきっかけで，2019年には日本ファミリービジネスアドバイザー協会で資格の認定を受けました。事業承継のアドバイスをさらに多面的に行えるようになったと感じています。

そのほか，TACの先生主催の研究会に所属したり，有料のプロコン塾に通ったり，先輩診断士おすすめのライター養成講座にも通ったりしました。取材の学校から診断士で出版する合同会社の本の税務監修のお話をいただき，監修もさせていただきました。

3　診断士として一緒に仕事をしましょう！

診断士資格を取得している人は本当に優秀な人ばかりです。合格後は可能な限り研究会や交流会などに参加することをおすすめします。社交的な人が多いので，お酒が飲めず内向的な性格の私でも，受け入れてもらえています。それぞれがその道のプロフェッショナルなので，話すたびに新しい発見がありおもしろいです。診断士資格を取得することで新しい仕事を紹介してもらったり，知らない領域を教えてもらったりと，世界が大きく広がりました。チャンスがやってくる頻度が格段に上がったとも感じています。あとは，チャンスの神様の前髪をつかめるように，自己研鑽を忘れないことが大事だと思っています。

受験期間中は苦しいことが多いと思いますが，長い人生の中でみると，受験生の期間は，自分と向き合い，成長できる貴重な期間ともいえます。合格後，皆さんとお会いし，一緒に仕事ができる日を楽しみに待っています！

体重7キロ増！
苦難の後に広がる無限の世界‼

金岩　由美子

（プロフィールは巻末参照）

1　合格までの経験

(1)　自己紹介と受験の動機

　私はIT企業に約30年間勤務し，お客さまの経営戦略に基づいたIT戦略策定支援，ITを高度に活用した業務改革，および競争優位を獲得する製品・サービスの創出を支援してきました。現在は自社開発のSCMソリューションの提案コンサルティングと受注案件のプロジェクトマネージメントに従事しています。今では数少ない女性管理職として，人材育成や中期計画策定，組織運営にも携わっていますが，過去にはトラブル案件にアサインされ，過労からメンタルヘルスを害した経験もあります。

　年齢を重ねるにつれIT業界でシステムエンジニアとして働くには限界があると感じるようになり，より上流のマネージメントやコンサルティング業務を担当できるようになりたいと考えたのが，中小企業診断士（以下，診断士）資格を取得したきっかけです。

　IT業界では情報処理技術者として複数の高度な資格（ITストラテジスト，プロジェクトマネージャなど）を取得している人は珍しくなく，私もその1人です。診断士もそれらの試験と同じ気軽な感覚で受験しました。ところが，財務や法務などまったく領域の違う科目に歯が立たず，1度ならず2度も1次試験に失敗し，3度目の正直でようやく1次試験に合格し，その年に2次試験にも合格しました。今回の体験記では，失敗から得た教訓と合格後の世界をお伝えします。

(2)　1年目の失敗

　経営全般を広く学ぶために診断士資格を取ろうと決意したものの，何からどう学んでいいかわからず，週末に予備校に通うことにしました。予備校には教えることに長けた人気講師がいて，教室はいつも熱気に満ちた生徒で溢れて満席でした。講義をしている大教室に入りきれず，隣の中教室で同時中継するほどです。講義はとても面白く，わかりやすく，知的好奇心が満たされました。そして，理解した気になってしまい，自ら手を動かして問題を解くことをおざなりにしてしまったのです。その結果，短期記憶には入っても長期記憶として知識が身体に定着せず，さらに，1次試験への根拠のない自信から2次試験の勉強を早々に始めてしまい，1次試験の勉強が不足して，1年目は不合格となってしまいました。

(3)　2年目の間違った本気

　予備校は1年間のコースだったので，もうその人気講師の授業を受けることはできません。もう1年間予備校に払うお金もありません。自分で勉強するほかないのです。教材は1年目に揃っているはずなのに「今年は絶対合格するぞ！」という意気込みのあまり，追加で参考書や分厚い問題集を購入しました。1年目の反省を踏まえて，自分で手を動かして問題を解く勉強法に変えたのです。しかし，ここでまた失敗をおかしてしまいました。基礎が身についていない私にとっては，購入した問題集の難易度が高すぎて時間ばかり経ってしまい，効率よく論点を学ぶことができませんでした。結局，2年目も苦手科目を克服できないまま，財務・会計，経営法務，企業経営理論の3科目が残ってしまいました。

(4)　3度目の正直

　カッコつけて難しい問題を解いている場合ではない！　基礎から勉強し直そう！と，予備校時代のテキストや教材を使って，筋トレのように毎日繰り返しトレーニングをしました。勉強時間も夜から朝に変更しました。夜は時間があるのでダラダラしがちですが，朝は出社するまでの限られた時間しかないので

集中できます。このような時間の積み重ねが知識として定着しているのだと感じるようになり，「Studyplus（スタディプラス）」という勉強記録・学習管理アプリに勉強時間を記録することを楽しんでいました。アプリで勉強仲間と学習時間を競い合ったのは，モチベーション維持にとても有効に働き，無事に1次試験に合格することができました。

　2次試験は正解が公表されないので，複数の予備校やインターネットの過去問解説，合格者の答案を集めた書籍を活用して，複数の答案を分析しました。複数の答案から共通項を整理することで正解が浮き彫りになってきたのです。たとえば，事業部制組織のメリットとデメリットを問われたら，メリットは①利益責任の明確化，②権限委譲による迅速な意思決定，デメリットは①短期的業績思考，②組織間の経営資源の重複です。あとはそれを覚えてアウトプットできるように練習するだけです。通勤時間やお昼休みは解答パターンを覚える時間に充て，週末は予備校の仲間と2次答案の相互添削をするなどしてアウトプットの対応力を高めていきました。

　かくして「彼を知り己を知れば百戦殆うからず」とでもいうべく，過去問分析と勉強法の改善で弱点を克服し，3年目にして合格することができたのです（2015年合格，2016年登録）。

2　合格後の経験

(1)　実務補習で得た最高の同期

　2016年春，勤続25周年のリフレッシュ休暇を活用して15日間の実務補習を受講しました。実務補習は，合格の喜びもそこそこに，すぐに申込手続を済ませました。なぜならば，試験の申込みをする際，「申込順に受験番号が振られて受験会場が決まるため，早期に申し込んだ受験者がいる会場とそうでない会場では受験者の意気込みが違う。良いオーラの漂う会場で受験できるよう早期に申し込むべし」と予備校で教わっていて，実務補習も同じだと思ったからです。実際，同じチームになった東京地区第一班の仲間は優秀な方ばかりでした。メガバンク最年少支店長，他士業ライセンス保持で大学講師，上場企業の経営企

画部勤務者，有名コンサルティング企業のコンサルタント，最難関大学出身者。診断士試験に合格していなければ接点がない高スキルな仲間からとても良い刺激をもらいました。今でもホームパーティなどで交流を深めています。

　写真は，実務補習修了式の様子です。東京地区第一班で名前があいうえお順で先頭の私が代表して修了書を受領させていただきました。3年間受験勉強に明け暮れて7キロも太り，汗と涙と引き換えに手にした喜びは格別でした。

(2)　新規事業の推進者に抜擢

　今までシステムエンジニアやプロジェクトマネージャとしてシステム開発案件にしか従事したことがなかった私ですが，合格直後の2016年1月，社長直下の新規組織である「デジタルマーケティング事業推進室」の室長に突如任命されました。

　当時，IoTやデジタルマーケティング，データサイエンティストなどがバズワードとなっており，IT各社がこぞって専門組織を設置し参入していました。私は診断士試験の勉強でマーケティングの分野をかじったとはいえ，デジタルを活用したマーケティングの具体的な施策や技術を持ち合わせておらず，まったくのゼロからのスタートでした。各種展示会などで情報収集したり，上司のコネクションをたどってデジタルマーケティングを活用して実績を上げているユーザ企業やベンダ企業にヒアリングに伺ったりしながら，自社における事業の方向性を模索しました。いきなり外販の事業化は難しいので，親会社のマーケティングを支援する形で経験を積むべく，親会社の社長とも月1回の頻度でディスカッションをさせていただきました。

　とにかく必死でプレーヤーとして走り回っていたら，室長としての組織運営に意識が行き届かなくなってしまい，わずか1年で任務を降りることになりました。挫折感を味わいましたが，今ではプロジェクトマネージャとして5億円

規模の案件を任されています。この規模の案件を推進するにはプロジェクトの組織運営力が問われます。入社当時の最初の上司は「転んでもタダで起きるな」が口癖でした。今までも転びながら経験値を上げてきましたが，診断士試験に合格したことで，良くも悪くも質の高い貴重な経験を積むことができていると感じています。

(3)　プロコン塾との出会い

　仕事で新規事業立ち上げのために駆けずり回っていたこともありますが，受験に3年間を費やしたこともあって，合格初年度は合格の達成感，勉強からの解放感で，何も活動をしていませんでした。2年目になり，このままでは頑張った3年間が無駄になってしまうと，活かす方法を模索していた時に出会ったのが「稼げる！プロコン育成塾」です。入塾を決めたのは「稼げる！」ということで，お金に目が眩（くら）んだわけではありません。稼ぐためにはスキルや知識のほかに，お客さまから選ばれるためのコンサルタントとしての"ひととなり"が大切という教えであり，それを説く塾長やOB生が本当に素敵なお人柄だったからです。ここで学んだ「三姿勢」がコンサルタントとしての価値観の拠り所となっています。

　スキル面では「診る・聴く・書く・話す」を体系的に学ぶカリキュラムで，企業の診断実習，経営相談ロールプレイ，執筆・出版企画，プレゼンテーション演習やボイストレーニングなどがあります。1年かけて基本となるスキルを満遍なく学ぶ過程で，「話す」ことが楽しいと思えるようになりました。キャリアは，①好きなこと，②得意なこと，③必要とされていることの重なる部分を伸ばすと良いといわれており，「話す」分野で自己発見をすることができました。

　診断士の仕事は7割以上が紹介といわれています。ここで学んだコンサルタントとしての姿勢やネットワークのおかげでお仕事のお声がけ

千葉商科大学での講演の様子（2019年1月）

をいただくようになりました。また，話すことに興味を見出せたことで，200人を超える大学生を前に診断士の魅力を伝える講演をしたり，中小企業経営診断シンポジウムで司会を担当させていただいたりしています。副業では予備校の診断士受験講座の講師（本業のIT知識を活かして，科目は「経営情報システム」）をしています。また，創業塾の講師も担当しています。

このようにたくさんの活動につながっており，診断士試験に合格し，そしてこのプロコン塾と出会ったことが，今の私の礎（いしずえ）となっています。

(4) 企業内診断士として

私が勤める会社には，グループ企業も対象とした診断士で構成する「診断士会」があり，定期的にOB診断士を招いた勉強会などを開催しています。大手企業には同様の診断士会があり，診断士会同士の交流を図ることを目的に発足した「企業内診断士会交流会」は，キヤノン，NEC，富士通，パナソニック，ソニー，NTTデータ，BIPROGY（旧日本ユニシス），三井住友銀行，三井物産，双日，清水建設，JTB，アサヒ，西友など，日本の名だたる企業で構成されています。毎年開催している交流イベントでは，中小企業庁や大学教授などの基調講演，各種テーマのワークショップなどを楽しみながら親睦を深めています。この交流会から生まれたプロジェクトとして，東日本復興支援の一環である「気仙沼バル実行支援」や「南伊豆地域活性化支援」などがあり私も参加しています。また，そこから発展して気仙沼バル参加店舗の経営支援（商品開発やマーケティング支援など）にも携わっています。

2017年の交流会に中小企業庁長官官房企画官の濱田祐治様をお招きしたことがきっかけで，企業内診断士の積極活用に向けた検討会が発足し，中小企業庁に出向いて意見交換会を実施しました。我々からは①実務従事の機会促進，②交通費など活動費用の補助，③企業内での診断士の地位向上・副業解禁の後押しをお願いしました。この意見交換会の何か月か後で，濱田様にお会いする機会があったのですが，この件について，まずは兵庫県中小企業診断士協会と具体的な検討を進めていると伺いました。まさか，霞ヶ関の省庁に足を踏み入れるとは思ってもいませんでしたし，ましてや政策に意見するなど診断士の資格を取得していなければ，私の人生に起こり得なかった貴重な経験です。

⑸　今後の展望

　プロボノ活動で地域活性化支援や中小企業の経営支援，予備校で経営情報システムの講師を務めたことは，本業にも大いに役に立っています。

　プロボノ活動でのプロジェクトは横のつながりで成り立っているため，いかに関係者と協力関係を築き，それぞれの立場や意見を尊重しながら目標に向かって推進するかが重要になってきます。気仙沼バルは震災直後から開催されており，最初は診断士主体の地域活性化イベントでしたが，私が参画した2017年頃からは「現地化」がキーワードになっていて，診断士が手を動かすのではなく，現地の人たちが自分たちで実行できるようになるよう，お膳立てをする必要がありました。イベントの顔となるバルマップも，その年から現地の制作会社に担当していただくことになりました。ところが，スケジュールどおりに納品していただけず，出てきた制作物の品質も良くなかったため，何度となく深夜（明け方）まで Web 会議を重ねて，ギリギリ開催に間に合わせました。現地化に挑戦する年ではあったものの，バルマップなくしてはイベント自体が成り立たないので，間に合わないリスク対策として従来の制作会社への依頼も視野に入れての推進でした。諦めずに現地の制作会社に寄り添い，ようやく生まれたバルマップは難産だった我が子のようであり，現地の制作会社とはいつの間にか親同士のような不思議な感覚で結ばれていました。

　私の本業はプロジェクトマネージメントです。プロジェクトメンバーを育成しなければなりません。今までの私は辛抱が足りず，効率を優先して自分が手を動かしてしまったり，できないならできる担当者に変更してしまったりしがちでした。

　このプロボノ活動を通して，育てる醍醐味や達成感，喜びを覚え，育てることの重要性を体得できたことは大きな収穫です。最近，上司からも部下からも変わったと言われるのはこの経験に基づいているように思います。

　予備校での経営情報システムの講義は，本業でのシステム開発プロジェクト

56

のリアルな経験談を生々しくご紹介でき，受講生も興味を持って聞いてくださっています。また，講義の準備を通して普段の業務では直接関わらないハードやネットワーク，各種ガイドラインを体系的に整理して理解できたことで，基盤担当者や品質管理部門とも自信を持って会話できるようになりました。

　このように，本業での経験を診断士活動に活かしているのはもちろんのこと，診断士としての各種の活動が，本業にも良い影響をもたらしてくれています。これからも，本業と診断士活動のバランスをうまく取って，会社や社会に貢献したいと思っています。

　特に，社会課題となっている事業承継問題に携わりたいと考えています。中小企業の事業承継は家族間の問題が絡む繊細なことであり，関係者の気持ちに寄り添った支援が必要です。また，後継者の育成や，後継者がいない場合のM&A，合併後のPMI（M&A後の経営統合を実行するプロセス）など多岐にわたっています。これらは弁護士や税理士，金融機関などと連携して推進する必要があります。本業で培ったプロジェクトマネージメントスキルやキャリアコンサルタントとしての研鑽を通して，当事者の社長や後継者にとって一生に一度の重要プロジェクトに伴走したいと考えています。そのために，今年は事業再生を中心に経営コンサル手法全般を学ぶ「経営コンサルタント養成塾」に通いました。来期は「事業承継支援専門家養成講座」で事業承継にまつわる実務を体系的に学ぶ予定です。

　診断士に合格するまで3年間勉強しましたが，合格後も勉強は続きます。合格後の勉強は，苦しかった受験勉強とは違い，やりたいことに直結しているので時間を忘れて夢中になれます。1つ知ると世界が広がり，また次の世界を覗いてみたくなります。診断士の門をくぐってからの世界は無限に広がっています。

3　受験生に向けたメッセージ

　私の体験談をお読みいただきありがとうございます。ご紹介したように診断士試験に合格した後の世界は無限です。しかし，試験は決して簡単ではありません。皆さんには，私のように遠回りをしなくて済むよう，私が失敗から学ん

だ合格への近道をお伝えします。

●動機は何ですか？　本気ですか？　本気なら覚悟を決めてください！

あなたはどうして，本書を手に取り，「中小企業診断士」に興味を持たれているのですか？　資格を取得してどうされたいのですか？　それは本気ですか？　もっと簡単にその目的を達成する手段はないのですか？　「容易な代替手段などない！　目的達成のためには診断士の資格を取得するしかない！」と思った方は，覚悟を決めてください。試験をナメてかかったら，痛い目にあいます。合格までの平均年数は3〜4年といわれています。私は3年かかり，受験勉強に明け暮れて7キロ太りました。

●勉強スタイルを決めましょう

あなたは目標に向かって計画を立て，誘惑に打ち勝って1人で勉強ができる強い意志を持つタイプですか？　それとも誰かに伴走してほしいタイプですか？　前者なら独学でも大丈夫ですが，そうでなければ，予備校がおすすめです。合格者の3割が独学，7割は予備校を活用しているようです。内訳はTACが過半数，続いてLEC，資格の大原，日本マンパワー，TBC受験研究会などです。あなたに合う学習スタイルを決めてください。独学で合格できたらかっこいいです。でも強がって独学を選んだら挫折しかねないので，自分のタイプを見極めてください。

●教材は易しいものから始め，徐々に過去問レベルに上げていきましょう

まず，過去問はインプット教材として，どのような設問のされ方をするのか傾向を眺めてください。今は解けなくて大丈夫です。ゴール感が掴めたら，次に基本的な内容が記載されたテキスト，基本問題集に取り組んでください。独学の方は自分の現状の知識と過去問（合格レベル）のギャップを埋める学習計画を立ててください。予備校なら学校のカリキュラムに沿って学習を進めれば問題ありません。間違ってもいきなり過去問を解いて深みにはまらないでください。基礎力のないまま過去問に取り組むと，不正解・解説も理解できないことになり，時間の無駄です。急がば回れ，基礎からやるのが近道です。

●応援者や受験仲間を作りましょう

　1人で黙々と勉強できる方もいらっしゃるかもしれませんが，たいていは心が折れそうになります。自分の目標・挑戦を周囲に伝えて応援してもらいましょう。公言することで後に引けなくなる効果もありますね。独学の場合はStudyplusなどの学習アプリで仲間を見つけることもできます。予備校の場合は，そこでの出会いを大切にしてください。合格後も付き合える一生の友となりますよ。

9年間におよぶ死闘

東　俊道

（プロフィールは巻末参照）

1 合格までの道筋

　私は中小企業診断士（以下，診断士）資格を取得するのに9年間を費やしました。9年間というと小学校入学から中学校卒業までになりますので，改めて思い起こすと相当な時間をかけたなと思います。

　皆さんは診断士に興味があり，資格を取得したいという気持ちがあるから本書を手にしたのだと思います。今回，私の体験を通して，これから勉強される方には長い時間をかけずに合格するために何をしたらよいのかを，受験勉強が長期間におよんでしまっている方には，もう少し頑張ってみよう，という決断の一助になれれば幸いです。

受験年度	1次試験	2次試験
2010年度	×	−
2011年度	×	−
2012年度	○	×
2013年度	−	×
2014年度	×	−
2015年度	○	×
2016年度	○	×
2017年度	○	×
2018年度	○	◎

9年間の合否結果

　私が診断士を目指すきっかけになったのは，前職の先輩です。当時，私が勤めていた会社には診断士資格を取得されている方が2人おり，2人とも社内での地位は高く，社内外で活躍されていました。その姿を見て，自分も診断士資格を取得すれば活躍できるんだと思い勉強を始めました。

(1)　遠回りの1次試験

●独学での1〜2年目の勉強

　私は当時，インフラ系システムエンジニアとして従事していたので，試験の

内容はチンプンカンプンでした。参考書を読んでもまったく理解できません。問題を解こうとしても，問題文の意味が理解できない状態でした。そこでまずは基本を勉強しなければいけないと思い，財務・会計は簿記３級と２級を，経営法務はビジネス実務法務検定試験２級を受験することにしました。勉強を始めた当初は，知らないことばかりで，新しい知識を得られることで自分自身の成長を感じ，それがとてもうれしくて，常に参考書を持ち歩いていました。ご飯を食べるときや友人と遊ぶとき，渋谷のセンター街を，参考書を読みながら歩いていました（笑）。

　そんな甲斐もあって，簿記３級・２級，ビジネス実務法務検定試験２級と順調に資格を取得することができました。この間に１回目の診断士試験を受けていますが，腕試しの気持ちで受けており，本業で関わっている経営情報システムしか科目合格しませんでした。その後も基本が大事だと思った私は，過去問は解かずに，関連書籍を読んでは知識の習得に励みました。

関連する資格の取得

　試験１〜２年目の誤りは，KGI（重要目標達成指標）を勉強時間に設定したことです。資格を取得するのにどれくらいの勉強時間が必要なのか，調べたことがある方も少なくないと思います。答えは約1,000時間といわれています。私はこの1,000時間を鵜呑みにして，1,000時間勉強すれば診断士になれると考えてしまいました。そのため，日々の勉強時間をメモして，合計時間が何時間になったのか見える化しました。簿記やビジネス実務法務検定試験の勉強，製造業や小売業に関する本を読んだだけでも勉強時間に換算していました。このやり方では，勉強をすればするだけ時間が積み上がっていくのが確実に目に見えてわかるので，モチベーションは維持しやすかったです。

　しかし，結局は試験対策ができておらず，得意の経営情報システムと経済学・経済政策しか合格せず，関連資格を取得して基本が身についているはずの経営

日にち	学習内容	勉強時間	合計時間
2011/1/24（月）	簿記3級試験勉強，製造業の工程の基本読書	3.5	360.5
2011/1/25（火）	簿記3級試験勉強，製造業の工程の基本読書	2	362.5
2011/1/26（水）	簿記3級試験勉強，製造業の工程の基本読書	1	363.5
2011/1/27（木）	簿記3級試験勉強，小売業の基本読書	3.5	367
2011/1/28（金）	簿記3級試験勉強，小売業の基本読書	2	369
2011/1/29（土）	簿記3級試験勉強	4	373
2011/1/30（日）	簿記3級試験勉強	8	381

ここが1,000時間になれば診断士に合格できると思っていました

法務や財務・会計すら合格しないという有様でした。

● 3年目の勉強

　2年目の失敗に懲りた私は，試験対策をしっかりしなければいけないと考え，3年目は過去問を中心に勉強し直しました。間違った問題は，「あなたの誤り」という自戒の念を込めた不正解解答一覧を作成して，なぜ間違ったのか，ケアレスミスの場合はなぜケアレスミスをしたのか，反省の意味を込めて，科目に分けてすべて記載しました。そして空き時間にこれを確認することで，自分が間違えやすい問題やミスしやすい場所を復習して，弱点の克服をしました。

　こうして徹底的に過去問と弱点克服による試験勉強を行った結果，2012年度の1次試験には無事合格することができました。

日にち	問題	原因
4月8日	平成23年度本試験第16問	実効税率を40％と勘違いして計算してしまいました。今後は実効税率もきちんと確認して計算します。
4月18日	平成23年度本試験第20問設問1	選択肢の言葉の意味が理解できていなかったので，正しい選択ができませんでした。 2パラメーターアプローチ：リターン＝平均，リスク＝標準偏差の組合せで企業価値を評価する方法 コストアプローチ：純資産額を基準として，企業価値を評価する方法 マーケットアプローチ：対象企業と類似する企業や業界を基準として企業価値を評価する方法

当時作成していた「あなたの誤り」の例

●まさかの5年目

3年目の1次試験に合格した後，2次試験に2度不合格となったので，5年目は改めて1次試験からのチャレンジとなりました。過去に合格しているという気の緩みがあり，受験勉強を始めたのがゴールデンウィーク明けでした。また，人間とは（私だけかもしれませんが）恐ろしいもので，約2年間勉強していないと，きれいさっぱりと忘れてしまうんですね（汗）。以前解答できていたことがまったくできなくなっていました。さらにひどいのは，2次試験でほとんど関わりがない経済学・経済政策や経営法務などは，質問の意味が理解できないくらい忘れてしまっており，ほぼリセット状態でした。しかし，追い込みに追い込みをかけて約3か月勉強しまくった結果，596点という素晴らしい得点をつかみ取りました。自己採点後，本当に4点足りないのか，どこか間違っていないのか，幾度となく見直しました。そして1次試験の結果発表のときには正解の訂正がないのか神に祈りましたが，むなしく撃沈することになりました。勘で1問だけでも正解してくれていればよかったのにと，何度も悔やみ，悔しすぎて勉強が手につかない日が続きました。何よりも，また次の1年間まったく同じ勉強をすることが時間を無駄にしているようでつらかったです。しかし，今思えば実力がなかったんですね。この試験で受かったとしても診断士として十分な知識を満たしていなかったと思います。今となってはしっかり勉強することができてよかったと思っています。

● 6年目以降の勉強

5年目の失敗を受けて，6年目からは2次試験を必ず受験できるように，毎年1次試験を受験する決意をしました。1次試験の内容を覚えているほうが2次試験も解きやすくなり，毎年勉強したほうが忘れてしまっている量が確実に少ないので，短時間の勉強でリカバリーできるからです。こうして毎年1次試験を受験するようになってから，試験の約1か月前から学習するだけで，1次試験に合格できるようになりました。しかし，この労力をかけずに2次

2018年度の1次試験も合格

試験を受験できるようになったことが，2次試験の多年度受験をもたらした一因でもあります。詳しくは以下でご説明します。

⑵　2次試験は明確な解答がない？

●1回目の勉強

2次試験を初めて受験したときは，1次試験が無事終わった安堵感が尾を引いて，なかなか勉強に取りかかれませんでした。結局，合格発表後から取りかかりましたが，何をしてよいのかわからず，とりあえず過去問を中心に問題を解いていました。ただ，2次試験は明確な解答が提示されておらず，予備校の模範解答でも内容に相違があったので，何を勉強したらよいのかいまいちつかみきれていませんでした。そして，特に対策もしないまま，過去問を4年間分解いて試験に臨みました。結果，総合B判定で不合格となりました。正直，何が間違いだったのかわからず，今年がB判定なら来年は受かるかなという気持ちでした。

●2回目の勉強

基本，ポジティブに考える性格（よくいえば前向き，悪くいえば短絡的）なので，前回総合B判定だったということは，明確な解答が提示されている財務・会計で確実な点数を積み重ねれば合格できると考え，財務・会計を中心に勉強することにしました。このときは予備校の2次試験プログラムに申し込み，学習しました。この中のテキストで財務・会計だけの問題集があり，FCFやNPV，デシジョンツリーなどを徹底的に勉強することができました。この教材は今後の2次試験対策でも毎年活用させていただきました。あとは，いろいろなゴシップ情報も調べました。2次試験の申込みは，昨年度の1次試験合格者が，当年度合格者より1週間ほど早く申込みできます（理由はわかりませんが…）。私は2回目の受験生には加点があるのかと思い，合格率を調査しているサイトを探したところ，先行して2次試験の申込みをしている受験生の方が合格率は高くなっていることを発見しました。今思えば2次試験の対策を1年かけてじっくりとされているので当然といえば当然なのですが，当時の私は加点に間違いないと思い，受付が開始されるとすぐに申込みを行い，加点をも

らった気持ちになっていました（笑）。こんな調子で受験した結果，財務・会計だけがA判定，他はすべてC判定で，総合B判定という結果に終わりました。

● 3回目からの勉強

　2次試験3回目の挑戦のときは，1次試験はすでに6回目となっており，1次試験には毎年合格できるという自信がついていました。また，この当時も2次試験には明確な解答がないと思っていたので，回数を重ねればいずれ合格するだろうという，確率論で考えていました（合格率20％なら5回受験すれば合格するかな，と考えていました）。ただ，財務・会計だけは明確な解答があるので勉強をしていました。その結果，財務・会計は判定がよいが，その他の科目が伸びず，D判定を取る科目まで出てきてしまいました。それでも，いつかは受かるだろうと思い受験を重ねていました。

2次試験 受験回数	合格率	確　率
1回目	20％	20％
2回目	20％	40％
3回目	20％	60％
4回目	20％	80％
5回目	20％	100％

● 6回目の勉強

　6回目の受験を迎えた年は，私自身の環境も変化してきて，2人目の子供が産まれ，私自身30代最後の年でもありました。これまでは受験勉強に時間を割くことができていましたが，仕事をしながら2人の子育てをしてみると，時間の確保が難しいと感じ始めました。そして忙しくなるにつれ，試験に合格できなくなるのではないかという不安と，これまで目指してきた目標を結局達成せずに諦めてしまうのではないかという挫折感や絶望に近い気持ちを抱き始めてきました。一方で，これまでやってきたことをムダにしたくない，資格を取るまで最後までやりたいという気持ちが強くなってきました。そこで今回は本気で2次試験に臨もうと決意し，ある予備校の解答を明確な解答と信じ，1次試験が終わってすぐ，これまでなぜ判定がよくなかったのかを知るために，自分の解答と模範解答を徹底的に比較しました。そして次に，なぜこの誤った解答をしてしまったのか整理しました。その結果，私は下記5つのことができれば正しい解答ができることがわかりました。

其の一・与件文と設問を正しく把握すること
其の二・設問で聞かれていることに対して答えること
其の三・強み，機会は必ず解答に盛り込むこと
其の四・与件文に記載されていること以外は解答しないこと
　　　　（想像だけで記載しないこと）
其の五・解答する内容は十分整理してから書き始めること

　問題を解く際には，この5つが意識できたことを確認してから書き始めるようにしました。また，勉強時間を確保するため，毎朝4時に起きることを自分のルールにしました。前日の仕事が深夜におよんでも，子供の夜泣きでなかなか眠れなくても，必ず起きて問題を1問解き，間違った箇所は腹落ちするまでしっかり見直しました。これにより，試験直前には合格できる自信がついていました。そして無事合格をつかんだのですが，自分の番号をスマートフォンで確認したときには，全身の力が抜けて，なんだか温かくなり，しばらくの間，長かった受験生活を思い返していました。

(3)　9年間のモチベーション

　診断士として活動している中で「よく9年間も受験勉強を続けられましたね」と言われます（笑）。合格してみるとわかりますが，1年目もしくは2年目で合格している方が多いです。皆さん素晴らしいなと感心しながら，私はなぜ継続できたのか，整理してみました。1～2年目は，会社の先輩みたいになりたいという憧れが強かったと思います。3年目は転機でしたが，父親が病気をして，それを励ますためにも自分も頑張ろうという気持ちで勉強を続けました。その後，父は帰らぬ人となったのですが，合格すると言ってしまった手前，父との約束を果たすため，勉強を継続せざるを得ない状態になってしまいました。ただ，試験は8月と10月で1か月以上前から土日を勉強に費やしていたので，妻にはよく，「うちには夏はないね」とプレッシャーをかけられていました（笑）。そんな中，合格して中小企業の方の支援をしている自分の姿を想像して，やる気を起こしていました。しかし，何度やっても間違ってしまうことや，同じ勉強を何度もやって嫌気がさした場合は，お風呂でよく偉人の名言を見ました。私が特に好きだったのはイチロー選手の言葉で「夢や目標を達成す

るには1つしか方法がない。小さなことを積み重ねること」でした。日々の勉強は本当に地味で嫌になるときもありました。しかし，自分が思い描く未来に近づくためには，コツコツ勉強することしかないと言い聞かせて頑張りました。

(4) 試験後やってはいけないこと

　試験後にやってはいけないことは，試験グッズの断捨離です。私は9年間勉強してきたので，参考書や過去問，模擬試験など関連する資料は膨大な量になっていました。ある方の合格体験記に，この溜まった試験の関連資料を合格と同時にすべて廃棄して部屋をきれいにしたらスッキリしたと書かれており，自分も合格したら溜まった資料を全部捨てたいと思っていました。そのため，年末に合格がわかり，年末の大掃除できれいさっぱり廃棄してしまいました。その数，古雑誌の束9つ分でした（驚）。しかし，その後活動してみると，今回もそうですが，どのような学習方法で試験に合格したのかなど自分がやってきたことを証明するツールがまったく残っておらず，とても残念な思いをしました。今後合格された方は，新しくチャレンジしようとしている方に向けて，自分の勉強方法などを紹介する機会があるかもしれませんので，合格後すぐに断捨離することは控えたほうがよいと思います（汗）。

(5) 最高のメンバーに恵まれた実務補習

　私は2次試験合格後，すぐに15日間の実務補習に申込みをしました。住所が千葉県内だったこともあってか，実務補習は千葉県で行うことになりました。

メンバーは私を含めて5名でしたが，全員が千葉県に住んでおり，2018年度の2次試験に合格したメンバーで，15日間コースを選択していました。そのため，実質1か月間くらいは，ほぼこのメンバーで集まり，経営改善のための資料作成や打ち合わせなどを行いました。当時は会社の仲間や家族以上に時間を共にして，同じ目標に向かい真剣に取り組んでいたため，とても濃密な関係を築くことができました。それぞれ異なる道で活躍している今でも，このメン

実務補習の修了式

バーとは定期的に連絡を取り合い，同期として仲良くしてもらっています。診断士としての実務経験がまったくない自分にとって，同じ立場で一緒に頑張ってくれたメンバーがいたことは，今でも新しいことにチャレンジする心の支えになっています。

2　夢への挑戦

(1)　自分がやりたいこと

　当時の会社には，ほとんど不満はありませんでした。診断士資格を取ったからどうなるということはなく，資格を取る過程で，経営に関する勉強を自主的にしているということで，経営企画部への異動や，事業計画の立案，子会社の設立など，幅広い経験を積ませてもらえました。資格を取ってからも特に業務内容は変わりませんでしたが，周りの環境がこれまでと大きく変わってきました。中小企業を支援するコンサルタントや団体の方と知り合う機会が多くなり，私も中小企業の支援に携わりたいと思うようになりました。そして，いつかやるのではなく，本当にやりたいのであれば今やるんだと決意して，独立することを決めました。そして現在，長年携わりたかった中小企業の支援をさせてもらっています。

(2)　幅広い活動

　同期や知り合いからの誘いを受けて，いろいろな研究会やプロコン塾に顔を出させていただきました。本当にたくさんの方と出会うことができ，これまでまったく関わりがなかった業種・業界の方や専門家の方とお付き合いをさせてもらっています。診断士の活動は幅が広く，自分がやりたいと思ったことにアンテナを張り，自分から行動することで，人脈は勝手に広がっていきます。そして，その道で活躍したいと思い，自ら行動すれば仕事もおのずとついてきます。

中小企業診断士バッジ

3 受験生へのメッセージ

　正直，この資格を取っただけでは何も変わりません。資格を取っても，何も行動に移さなければ結局は変わらないと思いました。自分を変えるためには，行動に移すしかありません。今本書を手にしているということは，少なくとも自分を変えたいと思っている方だと思います。この思いをもって日々の行動を変えていけば必ず結果は変わり，環境も変わります。資格の取得に限らずやりたいことがあるのであれば，ぜひ行動に移してほしいと思います。人生に一足飛びのゴールはありません。一歩一歩積み重ねていくしかないのです。そして，明日になるとまた気持ちがリセットされてしまいます。変えたいと思ったのであれば，今から行動に移すことをおすすめします。

合格までに思いのほか時間とお金がかかりましたが，おもしろい世界です！

中津井　徹

（プロフィールは巻末参照）

1　合格までの4年間

(1)　中小企業診断士を目指したきっかけと受験歴

　私はグローバルに事業を展開する電気機器メーカーに新卒で入社しました。経理部門に所属し，決算・財務・税務などグループ全体の経理業務を統括する本社での仕事以外に，開発・製造・事業・販売の各機能を担う事業本部・事業所・子会社での経理業務にも従事しています。3～5年で転勤を繰り返していて，ニューヨーク駐在も経験しました。

　経理を切り口にして会社の各機能に関わりながらの仕事はおもしろく，仕事自体には不満はなかったものの，自分の希望とは異なる事情で短期間での部署の異動が続いてモヤモヤしていた時期がありました。ちょうどその頃に会社の先輩に誘われてジャズのライブを観に行ったことがあったのですが，中小企業診断士（以下，診断士）という資格の紹介と試験に向けて勉強しているという話を聞きました。企業経営理論やマーティングのテキストなどを見せてもらいながら話を聞いているうちに興味が湧いてきました。ボンヤリと自分の幅というか可能性を広げてみたいと考えていた自分にちょうどミートした感じでした。

　それが2013年で，その先輩が使用していた教材などを購入して独学で1次試験の勉強を開始して，その年の1次試験に一応申し込んだのですが，結果的に受験せずに終わってしまいました。これではいけないと思い，予備校探しを始めて，2014年に入って1.5年コースの1次・2次通学講座に申し込んだのが本格的な勉強のスタートとなりました。ここから2次試験を4回も受けるという

長い受験生活になるとはその当時は考えてもいませんでした。

　私の受験歴は以下のとおりです。

2014年：1次試験合格，2次試験不合格（238点）

2015年：1次試験（4科目合格），2次試験不合格（238点）

2016年：1次試験合格（6科目受験），2次試験不合格（225点）

2017年：1次試験（2科目合格），2次試験合格（249点）

(2)　1次試験

　申し込んだ1.5年コースの1次・2次通学講座は，2014年に経済学・経済政策，経営法務，中小企業経営・政策の3科目の合格，2015年に1次試験の残りの科目と2次試験の合格を目指すものでした。

　講座のある3科目はカリキュラムに沿って勉強していきました。講義を録音してiPodに入れて1.5〜2倍速で繰り返し聴いて知識の定着を図りました。どうせ1次試験を受けるなら全科目準備しようと考え，残りの4科目は昨年購入した教材の過去問演習とTACの『中小企業診断士　最速合格のためのスピード問題集』のアプリ版を購入してスマホで学習しました。スマホでできるので通勤時間や会社の昼休みなどスキマ時間をフル活用できます。内容がわからないところは，昨年購入した教材のテキストなどを使用しました。

　各科目何とか1〜2周したところで受験したLECの模擬試験では，もう少しで合格点を取れるところまで到達したので，残りの期間はかなり集中して勉強することができました。

　結果は40点台の科目があったものの合計436点で合格してしまいました。

　2015年以降はTBC受験研究会が過去問題集付きでさらに無料で講義動画を見られるテキストを発売したので，それをベースにTACの『スピード問題集』アプリ版と他の予備校主催の模擬試験だけで勉強を進めました。特に年度ごとに過去問に取り組むようなことはしませんでした。効

率的にやれば，独学でも1年もかけずに1次試験を突破することは十分可能だと思います。

　さいごに，私が演習をするときに気をつけていたことを書きたいと思います。解いた問題が正解・不正解だったかで終わらせるのではなく，不正解の各選択肢のどこが間違っているのかを必ず確認するようにしていました。模擬試験など直前で復習するものは問題用紙の選択肢に書き込んでおくようにしました。

(3)　2次筆記試験

　1.5年コースの1次・2次通学講座を受講開始した2014年の1次試験に運よく合格できたため，予備校に相談して，途中から2014年の2次通信講座に変更してもらいました。8月から10月末までの3か月弱で1年分のカリキュラムをこなすのは大変でした。答練については特別に締切日を設定し，その日までに提出すればすべて採点してもらえるようにしてもらいました。

　2次試験については，他の予備校主催の1日セミナーに何回か通ったことがある程度でしたので，まずはインプットのDVDを集中して視聴しました。その後は答練→解説動画と解答・解説書での復習をひたすら繰り返しました。80分で取り組んでみたものの，最初の数回は時間内に完成せず，とにかくその時点の自分の知識でのベストな解答になるようにさらに時間をかけて取り組みました。また，事例ⅠからⅣを順番に解くのではなく，事例ごとにまとめて取り組みました。各事例とも6回分ありましたが，最後のほうでは何となく事例ごとのコツがわかってきて，何とか80分で書ききることができるようになっていきました。採点後に返却された解答を確認すると，飛びぬけて高い得点のものはなかったものの，逆に10点～20点というひどい点数もなく，大きな方向性は間違っていないのだろうと考えました。

　本番までには何回か会場での模擬試験を受けて，1日で80分の事例を4つ解答するプロセスを体験しました。初めての時は事例Ⅳの時間の頃には頭がボーッとしてきたのをよく覚えています。

　最初の2次試験は，来年も受験資格があるし，他の多くの受験生と比較して

も準備が足りないのはわかっていたので，リラックスして取り組めたと思います。終わった後に「できた！」という感触はもちろんなかったですが，不思議と全然ダメという気もしませんでした。

　結果はBBAAの総合Bで，得点の開示請求をすると何と238点でした。後から振り返ると，各事例でケアレスミスがいくつかあったので，もったいなかったと思う反面，何とかなるかもと考えてしまいました。これがこの後4回目まで合格できなかった大きな原因だったと思います。

　翌年は同じ予備校の2次通信講座を申し込み，1次試験も保険で受験しましたが，振り返ると真剣度合いが足りなかったと思います。カリキュラムに沿って勉強するだけで，苦手意識のある事例Ⅳの計算問題や各事例の過去問にじっくり取り組むといったことをしませんでした。

　本番の結果はBABBの総合Bで得点が何とまた238点でした。1次試験には合格していなかったので（科目合格は複数あり），振り出しに戻ってしまいました。

　3年目は過去問にじっくりと取り組み，他の受験生と交流しながら勉強したいという気持ちになり，これまでの通信講座に加えて，週末だけの通学講座にも申し込みました。この通学講座ではさまざまなワークシートを使った過去問分析，80分の使い方のルーティーン化などこれまでの我流・その場対応とは違ったプロセスや考え方を学びました。また，他の受験生と議論をしながら勉強することで気づきや学びが多く，刺激にもなりました。授業後には飲み屋で交流を深めたりしました。受験仲間とは診断士になってからも交流が続いたり，一緒に活動したりしています。

　そのようなプラス面もありましたが，いろいろな情報が集まって試行錯誤を繰り返している中で模試の得点は伸びずに悩み続けるというマイナス面もありました。この年は1次試験に合格しないと2次試験の受験資格がないので，1次試験の勉強にかなりの時間を取られました。また，2次試験の受験回数が増えてくると本番前にはまた落ちたらどうしようというプレッシャーがかかってきます。結果はBBACの総合Bで得点は225点まで落ちました。

　4年目の勉強を始める前に昨年の失敗を繰り返さないためにどうすればよいか考えました。前年はいろいろな情報・方法の森に迷い込みましたが，本番の

頃には自分に合うもの・合わないものがわかってきたと感じていました。

　そこで今年は新しいことには手を出さずに自分のやり方を決め，それを深めていくことにしました。また，事例Ⅳの計算問題に集中的に時間を割くなどメリハリをつけることにしました。そして，ペースメーカーとしての活用やモチベーションを維持するためにもあえて前年と同じ講座を受講しました。ただし，講座の内容をすべて同じように取り組むのではなく，自分で考え，取捨選択をしながら勉強を進めました。

　1次試験直前に東京から地方へ転勤になって勉強時間のやりくりに苦労することもありましたが，答練の結果は昨年より良くなり，かつ，安定していきました。いくつかの公開模試でも満足のいく順位を残すことができました。

　今回ダメだとまた振り出しに戻ることになりますが，これまでよりもリラックスして受験できたと思います。悩んだ問題はあったものの，各事例ともやれることはやったという気持ちで会場を後にすることができました。試験会場が大勢集まる東京から，知り合いが誰もいない，こぢんまりした地方（仙台）の会場になったことも変に緊張せずに取り組めた要因の1つだと思います。結果はABAAの総合Aで得点は249点でした。何とか4回目で口述試験に進む権利を獲得できました。

　さいごに，私の勉強方法についていくつかご紹介します。

　KindleアプリにPDFファイルをアップできる機能があります。そこで過去問，出題の趣旨，予備校の過去問解説・テキストなどをiPadのKindleアプリに保存していつでも持ち歩くようにしていました。書き込みはできませんが，プリントアウトして持ち歩くより圧倒的に楽です。電車に乗った10〜20分くらいの時間を使って，設問⇒与件文を読んで解答の方向性を考える練習などもできます。

　また，B5／26リングのバインダーを用意して，事例ごとに必要な1次知識がまとまったテキストをばらして綴じていました。これに予備校で配られた事

例ごとの考え方や注意点などを追加して自分のファイナルノートとしました。答練や模試の前にはそれをパラパラとめくるようにして，追加すべき項目が出てくればその都度つけ足していきました。家でも直前まで定期的に読み返しました。もちろん，試験当日も使用しました。

他には，答練や模試の採点時のコメントや自分で気になった点を Evernote へ書き出し，定期的に整理して振り返ることもしました。何回も同じコメントや指摘を受けていることに気づいて修正していくことができました。

【事例全体】
* 2次試験までの残り日数を意識せよ!!
* 相場観!!
* 設問文の文言と同じ文言を与件文から探す(設問リンク)
* 枝葉の設問が有る場合，並列か因果か確認
* 未使用の段落，弱みの放置のチェック!!
* 診断→助言
* 問われなくても事例テーマ・ドメインを意識する
* 全体戦略が問われている
* SWOTと全体戦略 → SXOでドメインを導く
   (「何を」はニーズ，「どのように」はS，指摘したWは解決，Tは回避)
* 成長ベクトル→市場X製品
* 経営資源 有形X無形
   有形:ヒト，モノ，カネ
   無形:(個人) 専門知識，経験 (組織) ノウハウ，技術力 (市場) ブランド，顧客からの信用
* 構成比の変化や増減率を表現する際は，ポイントを使う
   ex) Aがxxポイント増加し，Bはyyポイント減少した

(4)　口述試験

2次筆記試験は4回受けましたが，4回ともまったくダメとは思いませんでしたが，合格した時も含めて絶対にいけると思ったこともありませんでした。試験直後は振り返るのはとても嫌でしたが，まずは再現答案を作成しました。4回目は通っていた予備校が参考で合否判定を出すということで提出しましたが，それ以外は再現答案を判定してもらうことはしませんでした。その後は，各予備校の解答速報の収集，解答報告会などへの参加で情報収集して口述試験に向けて最低限の準備をしていました。筆記試験に不合格の時は翌年の2次試験の勉強に役立てることができるので無駄ではなかったと思います。

4回目の時は通っていた予備校から合格する可能性が高いと言われたので，合格発表の前から各事例の与件文を繰り返し読み，自分の再現答案や各予備校の模範解答を比べながら理解を深めていきました。さらに，解答報告会などで入手した口述試験対策のテキストでどんなことが聞かれそうなのかを確認していきました。また，予備校や診断士試験支援団体の模擬面接や口述試験セミ

ナーの日程・申込方法を事前に確認し，発表日にすぐに申し込めるように準備
しておきました。

　本番の口述試験は1人10分程度で1つの質問に対して2分程度で回答するこ
とが求められます。つまり，4つの事例から少なくとも4～5の質問が出され
ることになります。時間を計ってみるとわかりますが，2分間話し続けるのは
とても大変です。合格発表のあった週末に模擬面接・口述試験セミナーが多く
開催されますので，まだ準備が不十分な状態で模擬面接を受けることになりま
す。私は4箇所で模擬面接を受けましたが，初めての時は頭が真っ白になって
何も答えられないことを実体験しました。苦手意識があり少し不安だったので，
十分に事前準備をしておかないといけないと1週間前に確認できてとてもよ
かったです。その後の1週間はどっぷりと各事例の読み込みと口述試験の予想
問題に取り組み，試験日前日の模擬面接では想定していなかった質問でも何と
か対話ができるようになっていました。

　本番では私の回答がなかなかまとまらずに長くなってしまい，4つの質問で
時間になってしまいましたが，準備していなかった論点の質問にも対話を繰り
返しながら何とか答えに到達することができ，ホッとして会場を後にすること
ができたことを今でも鮮明に覚えています。

2　合格後の経験

(1)　急に世界が広がる

　2次筆記試験合格後に診断士試験支援団体の口述試験セミナーをいくつか受
講しました。そこでは口述試験に向けた心構えや準備の説明，模擬面接がメイ
ンになりますが，終わった後の懇親会では同期となる受験生だけでなく先輩診
断士である運営メンバーとも交流することができます。口述試験の体験談だけ
でなく，実務補習や協会活動，診断士としての仕事の話などさまざまな情報を
入手できるチャンスです。また，名刺，メールアドレスやFacebookアカウン
トを交換して診断士のネットワークを広げることもできます。

　口述試験合格後にも診断士1年生向けの各種セミナーの機会があります。こ

ういった場での出会いから診断士活動の方向性が決まることも少なくないようです。

　私は会社以外の多くの方々との会話がとても新鮮で刺激的でした。診断士活動についても十人十色でさまざまな可能性がありそうだと実感し，おもしろい世界に入ることができた，時間とお金はかかったけれど何とか試験に合格できてよかったという思いが強まったのを今でもよく覚えています。

(2)　実務補習

　診断士としての登録申請のためには，試験合格後3年以内に15日以上の実務従事か実務補習を行う必要があります。私は診断士の実務をする機会はまだなかったため，実務補習を選びました。

　2月の15日間コースで一気に終わらせたかったのですが，残念ながらまとめて有給休暇を取得できる状況にはありませんでしたので，2月・7月・8月と5日間コースを3回受けて，2018年10月1日付で診断士登録となりました。当日の官報は記念にダウンロードして保存してあります。

　3回のうち1回は東京で受けました。国内外を含めて3～5年で転勤を繰り返しているため今住んでいる場所にいつまでいるかわからず，東京での人間関係づくりをしておきたいと考えたためです。大人数が参加する東京と違い，地方（仙台）は非常にアットホームで初日は全員が一室に集まって説明を受けたり，最終日にも全員が集まり，1人ずつ実務補習修了証書を手渡されて感想を述べたり，各班の指導員からコメントがあったりしました。守秘義務の関係で具体的な内容は書けませんが，3回とも業種が違い，それぞれの診断内容が異なり，さらに指導員によって進め方やまとめ方も異なり，とても勉強になりました。指導員を含めた参加メンバーとは終わった後もずっと交流が続くことも少なくないようです。皆さんも一度は経験することをおすすめします。

　ここで，実務補習の前に揃えたり慣れておいたほうがよいものを挙げておき

ます。その後の診断士活動でも不可欠になりますので，試験に合格したら準備
しておくといいと思います。

　ノートパソコン，診断士活動用のメールアドレス（Google で個人用とは別に
アカウントを作る方法が楽です），Facebook のアカウント（診断士の情報交換・
共有に不可欠），Dropbox や Google ドライブなどのデータ共有ツール，Zoom
（ビデオ会議アプリ），Slack（チャットツール）。

(3)　マスターコース

　独立を目指していたわけではないため，当面は企業内診断士として活動しよ
うと考えていましたが，実際にどのように動いていけばよいかわかりませんで
した。そんな時に，東京都中小企業診断士協会中央支部のマスターコースの1
つである「稼げる！プロコン育成塾」（以下，稼プロ！）が開催する「診断士
はじめの一歩セミナー」を知人に教えていただき参加。セミナーとその後の懇
親会で塾長や事務局の方々と話をしていくうちに，ここで学びたいと強く感じ，
その日に入塾を決めました。資格取得を機に苦手意識のある「話す」や「書く」
だけでなく，「診る」「聴く」という基本スキルと「ひととなり」を学ぶことが
今の自分には必要だと考えたことが決断の決め手でした。

　2018年から1年間，18期生として参加。自分の過去から現在を振り返って
キャリアビジョン（将来像）を描き，毎回の講義を通して「診る・書く・話す・
聴く」のスキルを少しずつ身につけていきました。また，福島・新潟・群馬・
静岡・愛知からの参加者を含む15名の同期，塾長，事務局，特別講師，そして
1期〜17期までの200名を超える卒塾生を含む「稼プロ！ネットワーク」は私
のこれからの診断士活動におけるベースキャンプの役割を担ってくれると考え
ています。

　2019年は稼プロ！の兄弟マスターコースである経営コンサルタント養成塾で
スキル・ノウハウを習得し，経営全般を診られる経営コンサルタントへのレベ
ルアップを目指しています。

(4)　企業内診断士としての活動

　卒塾した稼プロ！の事務局スタッフとしての活動，予備校での添削や作問，

他のマスターコースへの参加が主な活動です。

2019年から稼プロ！のOB・OGメンバーを中心に中小企業が各種補助金を申請する際にサポートする活動に参加しています。まだ1件ですが，採択されて感謝のメールをいただいた際にはホッとするとともにやりがいを感じました。

(5) 今後の活動

今後はマスターコースなどでの学びを続けながら，学んだことをどうやったら中小企業の支援に役立てることができるのかに注力していきたいと考えています。人生100年時代，複業の時代といわれています。せっかく取得した診断士の資格を無駄にせずに有意義に活用していきたいと思います。

稼プロ！ではボイストレーニングやカウンセリングについても学ぶ機会がありました。自分に必要ならばそういった領域も深めていきたいです。

3 受験生へのメッセージ

診断士は取得した後の仕事のイメージがなかなか浮かばない資格だと思います。他の士業と異なり独占業務がないので仕事がないという噂を耳にすることもあるでしょう。

しかし，試験に受かって診断士の世界に入るといろいろな仕事があることがわかります。また，いろいろな人がいます。多種多彩です。診断士の資格は入場券であって仕事がすぐに入ってくるわけではありませんが，自分の努力次第でいろいろな可能性をつかめる世界だと思います。

合格率だけを見ると難関な国家資格の部類に入ると思いますが，私の周りの真面目に取り組んでいる方の多くは，受験回数は異なっても何とか突破しています。本書を読んでいる皆さんが，1人でも多く突破されることを願っています。

中小企業診断士資格取得，そして，独立

平野　康晴

（プロフィールは巻末参照）

1　合格するまでの体験

(1)　中小企業診断士を目指したきっかけ

　2013年当時，私は会計事務所に勤務し，税理士を目指していました。一般的に会計事務所の業務は，記帳代行，決算業務，税務申告がメインです。ほぼ定型業務です。その頃私は，会計事務所での年月を経て，これら定型業務に物足りなさを抱いていました。その物足りなさもあって，税理士試験に対するモチベーションは低下していました。

　また，会計事務所で作成した決算書は税務申告のために使われるだけで，クライアントの経営改善に活用されないことにもどかしさを感じていました。

　自分のこれからの人生を考えたとき，税務のためだけの会計や税金の計算をやり続けるよりも，より経営の中枢に入り込んで会社を成長させ，経営者の役に立つ仕事をしたいという想いを強くしていました。そこで，税理士試験から思い切って鞍替えし，前から興味を持っていた中小企業診断士（以下，診断士）試験に挑戦してみることにしました。

　結果を先にいいますと，試験挑戦 4 年目で 2 次試験に合格することができました。各受験年度の結果は以下のとおりです。

　　1 年目（2013年度）　1 次試験：合格　　2 次試験：不合格
　　2 年目（2014年度）　1 次試験：免除　　2 次試験：不合格
　　3 年目（2015年度）　1 次試験：合格　　2 次試験：不合格
　　（ 2 次試験は総合評価 A でしたが，事例Ⅳが D だったため不合格）

4年目（2016年度）　1次試験：免除　2次試験：合格

(2)　1次試験

　本格的に勉強を始めたのは，試験を約3か月後に控えた5月のゴールデンウィーク明けです。とりあえず，TAC出版の『中小企業診断士　最速合格のためのスピードテキスト』と『同　スピード問題集』（いずれも，TAC中小企業診断士講座編著）を7科目分揃え，『スピードテキスト』を精読することから始めました。ところが，どの科目も読んだ内容がまったく頭に入ってこず，このままでは8月はじめの1次試験にはとうてい間に合わない，勉強法を変えなければならないと焦り，インターネットで効率的な勉強法を調べ漁りました。そこで出会ったのが，いきなり問題集から取りかかる勉強法です。テキストで各論点を理解してから問題集に取り組むのではなく，いきなり問題集を読む。問題集を解くのではなく，問題と解説を読んで1問1問理解し，進めていく方法です。

　ここで役に立ったのが『スピード問題集』です。『スピード問題集』の問題は，どれも基本的なものばかりで，頻出の論点をしっかり網羅しています。それでいてボリュームは多くありません。なおかつ，解説がわかりやすいので，短期間で効率よく基本論点を学習するのに最適な教材なのです。これを3回転する頃には，知識は定着し，理解を深めることができました。『スピード問題集』の解説だけで理解できないところは，『スピードテキスト』をじっくり読んで，内容の理解に努めました。そして，暗記するところはつべこべ言わず素直に暗記しました。

『スピード問題集』

　この方法で，基本論点はおおむね習得することができました。ただし，本試験の問題はより難解であることを知っていたので，本試験対策として過去問を攻略する方向に舵を切りました。選んだ過去問集は，同友館の『中小企業診断士試験　過去問完全マスター』（過去問完全マスター製作委員会編）です。この過去問集の良いところは，過去10年

『過去問完全マスター』

分の論点別・重要度順に編集されているので，同じ論点の問題を続けて解くことができ，１つの論点について理解を深めやすいところです。解説も丁寧でわかりやすい。どの科目もページ数は多く，分厚いのですが，１ページ当たりの文字量が少ないので，意外とスピーディーに進めることができます。この『過去問完全マスター』についても，３回転させました。

　１次試験については，『スピード問題集』と『過去問完全マスター』を徹底的にやり込み，『スピードテキスト』を参考書的に使用するやり方で，１回目の受験で合格することができました。１次試験は計２回受けたのですが，２回目の受験時も，この方法で難なく合格することができました。

　私の場合，運営管理と経営情報システムを苦手としていましたが，それ以外の科目で高得点を稼げる自信があったので，苦手科目は40点以上取れればいいと，気楽な気持ちで試験に挑んでいました。それも，『スピード問題集』と『過去問完全マスター』をとことんやり抜いたからこそ生まれた余裕だと思います。

(3)　２次試験

　１次試験とは対照的に，２次試験は苦戦の連続でした。以下，４年間の軌跡を振り返ってみます。

●１年目

　自己採点で１次試験が合格だということはわかっていました。しかし，１次試験が終わったことで，張り詰めていた気持ちが一気に緩んでしまいました。結局，２次試験の準備に取りかかったのが９月に入ってから。過去問集を買ってきて目を通してみましたが，１次試験とはまったく次元の異なる記述式の問題に面食らいました。正解というものが存在しない，つかみどころのない問題構成に対して，何をどう解答すればいいのかわからず，途方にくれました。通信講座を受講することも考えましたが，試験まで数日しか残されていない。通信講座のカリキュラムはとうてい消化できないと思い，市販されている教材をいくつか揃えて独学しました。市販教材に載っている解答法を見様見真似して本番に挑みましたが，明らかな準備不足で不合格。総合評価はＢでした。

● 2 年目

　1 年目の反省を踏まえ，早くから準備しようと思っていたにもかかわらず，実際に動き始めたのは年が明けてからでした。独学ではとうてい合格できないと思い，某予備校の DVD 通信講座を受講しました。通信講座を選んだのは，新潟県上越市という地方都市在住で，近くに予備校がないことが理由です。DVD の通信講座は，都合のいい時間に DVD を観ることができる，倍速にすることによって学習スピードを早めることができるなど，利便性はありました。しかし，受動的に DVD を観ることが習慣化してしまい，頭を動かし，手を動かして答練の問題を解くことをしなくなりました。頻繁に送られてくる DVD を倍速で観るだけの，勉強とはいえない勉強を直前まで続けました。過去問には真剣には取り組まないまま本番を迎え，当然，不合格という結果に終わりました。総合評価は B でした。

● 3 年目

　3 年目は振り出しに戻って 1 次試験からの挑戦です。1 次試験には自信があったので，1 年目と同様の勉強方法で，無難に乗り切りました。問題は 2 次試験です。勉強仲間はおらず，ネットの情報だけを頼りにしてきた受験生活の 3 年目で，ようやく過去問の重要性に目覚め，過去問を中心にした勉強法に切り替えました。過去に発売された『ふぞろいな合格答案』シリーズ（ふぞろいな合

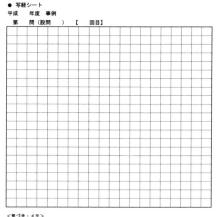

格答案プロジェクトチーム編，同友館）を第 1 巻から買い揃えました。過去問を実際に解き，『ふぞろいな合格答案』の模範答案と比較する。比較して，自分の答案には何が足りないのか，どのような解答プロセスを経るべきであったかを自分なりに分析しました。そして，Word で作成した「写経シート」に，模範答案や A 答案を繰り返し写経しました。文章構成，切り口，キーワード

の盛り方，定型句や言い回しなど自分の血肉になったと思います。さらに，気づいたこと，留意点をメモしておき，折に触れて読み返しました。

そして，迎えた本番。事例Ⅰ～Ⅲは順調に進めることができました。いよいよ最後の事例Ⅳ。集中して挑んだのですが，2問目で勘違いをしてしまい，はじめから計算をやり直す羽目になりました。やり直したはいいが，焦りから間違えてしまい，その後の第3問，第4問もボロボロの結果となってしまいました。事例Ⅳは得意だったはずなのに…暗澹たる気持ちで会場を後にして，駅までトボトボ歩いたのを思い出します。総合評価はAだったにもかかわらず，事例ⅣがD。足切りとなったため，不合格に終わりました。

● 4年目

とうとう診断士試験に挑戦すること4回目。事例Ⅰ～Ⅲについては，前年同様の勉強法を継続しました。さらに，事例問題文の分析からロジカルな解答骨子の作り方，答案用紙への記述までの解答プロセスを精緻化，タイムマネジメント力の強化，1次知識やフレームワークの充実にも取り組みました。事例Ⅳについては，過去問だけでなく，専用問題集を繰り返しました。TAC通信教材の『2次事例Ⅳ　計算問題集』，TAC出版の『中小企業診断士　集中特訓財務・会計計算問題集』（TAC中小企業診断士講座編著）や税務経理協会の『意思決定会計講義ノート』（大塚宗春著）（ただし，2次試験に関係のない章は飛ばしました）などです。事例Ⅳについては勘を鈍らせないよう，1日最低1問は手を動かして問題を解くようにしました。ここまでやれば，誰でも合格できるでしょう。苦節4年目にして，ようやく2次試験に合格できました。

● 4年間の総括

やはり重要なのは過去問を徹底的に使い倒すことです。過去問を使い倒して，2次試験の本質を理解・体得することが合格への最短ルートです。私が考える2次試験の本質とは，事例問題文と設問文から事例企業の経営課題をしっかりと把握し，1次知識とフレームワークを使って経営課題を解決するための分析・助言ができるか，つまり「基礎知識」と「論理的思考力」を問うている試験だということです。この分析・助言する力は，過去問を徹底的に使い倒すこ

とで磨かれるのです。

　過去問を研究・活用するうえで最も役に立つツールは，やはり『ふぞろいな合格答案』です。通信講座と独学で，1人ぼっちの受験生活を送り，雲をつかむような思いで取り組んでいた私ですが，『ふぞろいな合格答案』が道標となり，2次試験合格へと導いてくれました。この本なくして合格はあり得ませんでした。本書と出版社は違いますが，この場を借りて，『ふぞろいな合格答案』に感謝申し上げます。

『ふぞろいな合格答案』

(4)　口述試験

　2次試験からわずか2週間後が口述試験でした。事例Ⅰ～Ⅳをすべて復習し，それに加え，TACから取り寄せた口述試験対策の教材を読み込みました。

　本番では，事例Ⅲと事例Ⅳについてそれぞれ2問ずつ質問されました。私の回答に対する試験官のリアクションが薄いので，間違ったことを言ってしまったかなと，微かな不安が残りました。しかし，落とすための試験ではなく，常識的な対応ができれば大丈夫といわれていましたし，回答は大きくハズしてはいないだろうと思い直したので，合格発表まで気楽に過ごすことができました。

　年が明けてすぐに合格発表があり，無事に合格証書を手にしました。

(5)　実務補習

　口述試験の合格通知を受け取ってすぐ，まずは2月開催5日間コースの実務補習を申し込みました。当時はネット上で実務補習の情報があまりなく，実務補習では一体何をするのか？　一緒にチームを組むのはどんな人たちなのか？　1人ぼっちで勉強してきて，他の受験生との交わりが一切なかった私は，緊張して実務補習を迎えました。結果からいえば，1回目から3回目のどの実務補習も，良い先生とメンバーに恵まれ，素晴らしい経験ができたと断言できます。

実務補習修了証書

　ご存じの方は多いと思いますが，実務補習は指導員の先生のもと，5〜6 人のメンバーで診断先企業に赴き，ヒアリング・診断・報告書の作成・プレゼンテーションまでのコンサルティング実務を行うものです。初めて会うメンバーとチームを組み，短期間で報告書を完成させ，プレゼンテーションまで実施するのは密度の濃い経験です。精神的にも肉体的にもハードな日々なのですが，難易度の高い 2 次試験をくぐり抜けた優秀なメンバーと 1 つの成果物を作り上げるタスクは，刺激的で勉強になる，何物にも代えがたい経験となりました。診断力やコンサルティング力が向上したことは，もちろんです。コンサルタントの醍醐味に触れ，後の独立のモチベーションにもなりました。

　今でも，実務補習の仲間とは連絡を取り合っていますし，尊敬の念を持っています。試験合格後にこんなイベントが待ち受けている資格は，診断士以外にあまりないのではないでしょうか。

　実務補習は 2 月に受けた後，7 月に 2 回目，9 月に 3 回目を受講して実務要件

中小企業診断士登録証

を満たし，晴れて診断士として登録することができました。カタチとして中小企業診断士登録証が届いたときは，長かった道のりを思い返し，感慨深い気持ちが込み上げてきました。また，せっかくの休日を受験勉強に費やしたことに，文句一つ言わず我慢してくれた妻と子供に対しても，感謝の想いでいっぱいになりました。

2　合格後の経験

(1)　独立の決意

　実務補習修了後から独立を考え始めました。今，勢いで独立しなければ，いつまでたっても思い切った決断ができないであろうと漠然と感じていたこと。勤務する会計事務所は旧態依然としたところで，経営コンサルティングという付加価値を提供することに無関心だから，診断士の資格が活かせないこと。子

供が幼稚園卒園を間近に控え，手がかからなくなってきたこと。妻がフルタイムで職場復帰して家計の目処がある程度計算できたこと。これらを総合的に考慮し，独立することを決めました。妻は「2〜3年やって食えなかったら，再就職すればいいじゃん。年齢的にまだ間に合う」と快く独立を後押ししてくれました。一般的に独立する・しないには紆余曲折が付きものかもしれませんが，私の場合，意外とあっさり独立が決まってしまいました。勤めていた会計事務所を退職し，2018年2月，税務署に開業届を提出して，本当に細々と独立開業を果たしました。

(2)　新潟県中小企業診断士協会への入会

　独立前に，新潟県中小企業診断士協会へ入会しています。同協会は約90名の会員が所属しており，会員相互の交流は活発で，コミュニケーションは円滑です。

　私は初めて参加した懇親会の席で，初対面の先輩方に自己紹介かたがた，独立する旨を宣言しました。「コイツ大丈夫か？」と大勢の方に思われたのは間違いないでしょう。しかし，その後すぐ，先輩診断士から仕事を手伝ってほしいと依頼があり，診断士として仕事デビューをすることになりました。

(3)　マスターコースへの入塾

　独立してはみたものの，実務補習を経ただけで，肝心のコンサルティング経験は乏しいままです。学びと実践の機会を踏まなければと考え，プロコン塾への参加を検討しました。最終的に選んだのは，「稼げる！プロコン育成塾」，略して，「稼プロ！」です。稼プロ！では，コンサルタントのベースとなる「診る」「書く」「話す」「聴く」のスキルを，1年間かけてじっくりと養成するカリキュラムが組まれています。実務補習修了式のとき，中

稼プロ！のチラシ

小企業診断士協会の偉い先生が，「診断士の仕事の本質は，話すこと，書くこと，聴くことだ」（診るは入っていませんでした…）と喝破していたのがずっと頭に残っており，これら本質的基盤を強固にしたいと思ったことが，稼プロ！入

塾の大きな理由です。

　いうまでもありませんが，稼プロ！に入塾して大正解でした。毎回課される宿題は大変でしたが，全11回の講義を休まず受講し，学び実践したことは，今日の自信につながっています。間違いなく「診る」「書く」「話す」「聴く」，すべてのスキルは向上しました。それに，伝統ある稼プロ！ネットワークの一員となることで，人脈が飛躍的に広がりました。

　稼プロ！では，塾生と事務局の方々がリレー方式で365日ブログを発信しています。ご興味のある方はぜひ，稼プロ！のWebサイト（https://www.kasepuro.com）をご覧ください。

　稼プロ！での充実した1年を終え，兄弟マスターコースである「経営コンサルタント養成塾」に入塾しました。略して，「経コン塾」。経コン塾では，より実践的なコンサルティング・スキルを習得できます。事業再生を成功に導くノウハウ，即現場で使用できるWord・Excelの各種フォーマットの提供，中小企業の実態に見合った売上アップのコンサルティング手法を体系的に身につけることができます。私は提供されたフォーマットを使用して，事業調査報告書を作成したところ，関係者から高い評価をいただいたことがあります。本稿執筆時点で，全カリキュラムを修了していませんが，すぐに実践できるノウハウ・ツールが満載の講義は，非常に役立っています。

⑷　独立後2年間を振り返って

　独立当初は，診断士の守備範囲はどこからどこまであるのかすらわかりませんでした。しかし，目の前の仕事に全力で取り組むことで，どんどん世界が広がりました。想像もしていなかったくらい，人にも仕事にも恵ま

某商工会議所にてセミナーを開催

れるようになりました。事業再生，事業承継，補助金申請，セミナー開催，専門家派遣等々，充実した診断士ライフを送っています。図らずも，会計事務所を退職するときは嫌気すら覚えていた会計・税務ですが，その知識・経験は「強み」へと転換しています。コンサルタントの仕事に役立っています。

　私は，勝つための戦略や緻密な計画があって独立したわけではありません。しかし，2年経って責任ある仕事を依頼され，そこそこの収入を得ることができています。ただし，ビギナーズラックによるところが多分にあるのは事実です。2年経って，診断士・コンサルタントの世界がどういうものか少しは見えてきました。闇雲に突っ走るのはあと1年くらいにして，今，改めて自分自身と向き合わなければと感じています。10年先も必要とされる存在であるために，ミッション，ビジョン，バリュー，戦略，ブランディングなど，今後の「あり方」を明確にしていく時期に来ていると認識しています。

3　受験生へのメッセージ

　私は診断士になり独立して，人生が変わりました。仕事が変わり，付き合う人たちが変わり，人生の満足度も変わりました。診断士は，使いようによっては，それくらい力のある資格です。「足の裏の米粒」と揶揄する人もいますが，使い方次第だと思っています。使い方次第で，現状を良い方向へと変化させることができます。ただし，試験に受からないと使いようがありません。ぜひ試験に合格して，自分に合った使い方をしてほしいと思います。

手探りの合格がつなげてくれた新たな世界

林　　毅

（プロフィールは巻末参照）

1 予想外の初回合格

(1)　中小企業診断士試験受験を始めた理由

　私が中小企業診断士（以下，診断士）試験を受けようと思い立ったのは，2017年9月のことでした。弁護士業務を始めて10年ほどが経った頃です。2012年6月に独立し同期の弁護士と2人で現在の法律事務所を立ち上げ，日々がむしゃらに働いていましたが，10年も続けると弁護士業務にもマンネリを感じ，何か新しいことをやってみたいという気持ちが膨れ上がっていました。

　そんな思いを抱いているなか，法人の破産申立の依頼が入りました。その会社は破産を決める前に怪しいコンサル（診断士ではありません）を入れていましたが，そのせいで逆に赤字を広げていました。私が相談を受けたときにはもう破産以外の選択肢がなく，淡々と破産手続を進めましたが，落胆する経営者の姿を前に，ちゃんとした経営コンサルタントを入れていれば結果は変わったのではないか，自分が経営面からアドバイスして破産前になんとかしてあげられなかったか，といったことを考えるようになりました。そこで，まずは経営に関する書籍を読んでみようと書店を見て回っていたとき，たまたま診断士の受験コーナーが目にとまりました。診断士という資格は名前を聞いたことがある程度で詳しくは知りませんでしたが，いろいろと調べてみると経営について学べるうえ，どちらかといえばトラブル処理という後ろ向きの業務が多い弁護士に比べ，企業に連れ添いより良い経営に導くという業務の方向性がまるで違う感じがしました。新しいことをやりたいと思っていた自分にはとても魅力的

に感じられ受験を思い立ちました。

(2)　全体像の把握

　受験を思い立ったはいいものの，試験制度どころか，どんな科目が存在するのかも知りませんでした。そこで，まずは試験の全体像を把握しようと，『通勤時間で攻める！　中小企業診断士スタートアップテキスト』（綾部貴淑・市岡久典著，中央経済社）の「法務」以外を，通勤時間を利用して2週間ほどで通読しました。これで試験制度の概要や各科目の全体像を把握できたと思います。姉妹書の『通勤時間で攻める！　中小企業診断士スタートアップ一問一答集』（綾部貴淑・市岡久典・渋屋隆一著，中央経済社）も購入しましたが，一問一答があまり性に合わず，こちらはまったく活用しませんでした。

(3)　1次試験

　『スタートアップテキスト』では，テキスト通読後すぐに過去問中心に勉強することを推奨していました。過去問を中心にした勉強方法は極めて合理的だとは思いましたが，一問一答集ですら挫折した身としては，知識がないまま過去問に手を出して間違え続けると途中で心が折れてしまう予感がしたので，過去問の前にもう少し詳しいテキストを読んでみることにしました。

　2017年10月頃から，ネットで評判の良かった『中小企業診断士　最速合格のためのスピードテキスト』（TAC中小企業診断士講座編著，TAC出版）を読み始めました。予備校の利用も考えましたが，当時，仕事が忙しく土日・祝日もほぼ毎日事務所に出ていてあまり時間的余裕もなかったため，1年目は通勤時間などのスキマ時間を利用して独学を進め，2年目に勝負をかけるという2年計画が頭にあり，予備校も2年目からと考えていました。1年目はせいぜい1次試験で科目合格をいくつかして2年目が楽になれば御の字という気持ちでした。

　通勤時間を利用して『スピードテキスト』を通読し，暇を見て『スピードテキスト』に準拠した『中小企業診断士　最速合格のためのスピード問題集』（TAC中小企業診断士講座編著，TAC出版）を解いていました。『スピード問題集』は過去問と比べてかなり難易度が低く設定されており，気分よくサクサ

ク解くことができました。

　2018年2月頃，「法務」と「中小企業経営・政策」を除いた『スピードテキスト』を読み終えました。「中小企業経営・政策」は暗記色が強く，今読んでもどうせ忘れると思い，試験直前に詰め込めばいいと完全に後回しにしました。

　弁護士は「法務」が免除可能です。「法務」で点を稼ぐという戦略もありましたが，科目が多いのは面倒だったのと，下手に悪い点を取ってしまうとさすがに格好悪いと思い，早々に免除申請を決めました。さらに，なぜか弁護士は「財務・会計」も免除申請が可能です。このことは，2017年末に「財務・会計」のテキストを読み終わった後になって診断士のブログを読んで知りました。「財務・会計」はチンプンカンプンでしたので，これ幸いと免除申請を即決しましたが，なぜ弁護士が免除できるのかは未だに謎のままです。

　2018年2月頃に『スピードテキスト』を読み終えたものの，とても一度では覚え切れませんでした。そこで，5月頃までもう一度「法務」，「財務・会計」，「中小企業経営・政策」を除く4科目の『スピードテキスト』の再読と『スピード問題集』の誤答問題の解き直し，6月・7月に1次試験の過去問集を解くという計画を立てました。しかし，実際には頭に描いていた計画はすぐに破綻し，結局『スピードテキスト』の再読と『スピード問題集』の誤答問題の解き直しが終わったのは7月も過ぎた頃でした。「中小企業経営・政策」は相変わらず手つかずのままでした。

　1次試験の本番まで残り30日近くとなり，「中小企業経営・政策」の準備もままならない状況で，過去問集をこなすのはとても無理でした。そこで過去問は諦め，まずは「中小企業経営・政策」にとりあえず目鼻を付けることを優先し，残り4科目については今までやったものの見直しに徹することにしました。最初の約1週間で「中小企業経営・政策」の『スピードテキスト』，『スピード問題集』を潰し，最後の約3週間はそれまでやった『スピード問題集』の間違った問題の解き直しや，『スピードテキスト』の気になる部分を見返し，『中小企業診断士　最速合格のための要点整理ポケットブック』（TAC中小企業診断士講座編著，TAC出版）の「中小企業経営・政策」を通読しました。『ポケットブック』は直前の見直しには重宝しました。

　6月末に予備校の模擬試験がありましたが，準備が追いつかないなか悪い点

を取るのは目に見えていたため，受けるつもりはまったくありませんでした。過去問すらできないという体たらくでしたので試験直前には今年は回避しようかとも迷いましたが，マークシートなので一夜漬けでも1～2科目くらい合格点を取れるかもという軽い気持ちで，だめもとで受けてみることにしました。

　その程度の気持ちだったのが功を奏したのか，1次試験本番はまったく緊張することなく臨めました。ただ，過去問集もやらず模試も受けないままで，通しで1次試験の問題を解いたことがなかったため，試験の感覚はまったくつかめていないままの受験でした。時間切れだけは避けようと1問当たり2分で解くことを目指し，わからなければすぐ飛ばす，ということだけ心がけました。

　『スピード問題集』の難易度に慣れきっていたせいで1次試験の問題は極めて難しく感じ，受け終わった後，手ごたえはまったくありませんでした。「こりゃダメだ」と思いましたが，予備校の解答速報で自己採点をしてみると，得意科目だと思い込んでいた「企業経営理論」以外は60点を超えていて，意外にも合格しているようでした。準備不足のなか初回受験でなんとか1次試験を突破できたのは，あまり手を広げず同じ教材を繰り返し見返したことに加え，やはり他の人より2科目も少ないという点が極めて有利に働いたと思います。

(4)　2次試験

　1次試験の勉強中に2次試験を意識する余裕もなく，それまで2次試験の問題を見たことはありませんでした。自己採点を終え，どうも1次試験は受かったみたいだと喜び勇んで書店に行き，『中小企業診断士　最速合格のための第2次試験過去問題集』（TAC中小企業診断士講座編著，TAC出版）を購入しました。弁護士兼診断士の方のブログで，弁護士は2次試験の筆記に強く苦労しない人が多いと書いてあったこともあり，実際に2次試験の過去問を見るまでは，事例Ⅰ～Ⅲについてはあまり心配しておらず，問題は「財務・会計」免除で知識のないなか，どうやって事例Ⅳを克服するかにかかっている，と思い込んでいました。

　ところが，TACの『中小企業診断士　最速合格のための第2次試験過去問題集』で事例Ⅰ～Ⅲをやってみたところ，何を聞かれているか，問題の意図がまったくわかりませんでした。TACの過去問集は解答も模範解答も一本の筋

に従ったものになっていましたが，自分の答えは模範解答の筋にはかすりもせず，TAC の採点基準に従えばいずれもほぼ０点。解説を読んでもなぜそのような解答を導けるのか理解できず，正直あと３か月足らずで合格答案を書けるイメージはまったくわきませんでした。なんとかしなければとインターネットで参考書や予備校の講座を調べたところ，受験生の再現答案を分析した『中小企業診断士２次試験　ふぞろいな合格答案』シリーズ（ふぞろいな合格答案プロジェクトチーム編，同友館）がすすめられていました。『ふぞろい』は多面的な視点による複数の合格答案が掲載されています。採点基準も，合格者の答案を分析して導き出された複数のキーワードごとに点数が割り振られており，多面的な採点基準になっています。『ふぞろい』の採点基準であれば，TAC の採点基準と違い，自分の答案でも少ないながらも点数は入り，精神衛生上こちらのほうがまだましでした。TAC の合格答案はとても書ける気はしませんでしたが，『ふぞろい』の合格答案であれば，３か月程度でもなんとか同レベルに近いものが書けるようになる可能性が少しはあるのではないかと感じました。そこで，事例Ⅰ～Ⅲは，『ふぞろい』に賭けることにしました。利用したのは過去の『ふぞろい』の答案分析編を集めた『ふぞろいな答案分析』シリーズ２～４と『ふぞろいな合格答案エピソード11』の４冊で，過去問としては８年分になります。文章で答案を作成する時間はなかったので，実際の答案作成までは行わず，40分以内に過去問の与件文を読んで答案の骨格となるキーワードのみ抜き出すことを行いました。毎日はできませんでしたが，仕事が終わり自宅に戻った後，できるだけ１日１問は解くようにしていました。

　しかし，『ふぞろい』の採点基準でもなかなかうまくキーワードを出せず，また，時間も50分以上かかってしまうことが度々ありました。予備校できちんとしたやり方を教わっていないので，もしかしたら何か自分のやり方がまずいのではと思い，２次試験に関する書籍の答案作成方法が書かれた箇所を手当たり次第に読んでみました。『30日でマスターできる　中小企業診断士第２次試験　解き方の手順』（寺嶋直史著，中央経済社）では，各設問に対応する部分ごとに与件文を色分けするやり方等が載っていました。私は解くのが遅く，色分けのためペンを持ち替えていると慣れるまで余計に時間がかかると思い，与件文の段落ごとに対応する設問の番号をメモする程度にしていましたが，独学

のため他の受験生がどのようなやり方をとっているのかまったく知らなかった私にはとても参考になりました。『中小企業診断士2次試験事例問題攻略マスター』（経士会監修・handys97著，同友館）では，解答作成前にあらかじめ，「課題は，①　　，②　　，③　　」などの枠を作っておき，そこに解答を埋めていくという解法が紹介されています。同じ型の合格答案は『ふぞろい』でもよく見かけましたので，私も本試験までこのやり方を通しました。過去問は合計2回解いてみましたが，2回目のときには『ふぞろい』の採点基準に自分が答えた解答キーワードには○，導き出せなかったキーワードには×の印をつけ，2次試験の前日には×がついているキーワードだけ拾い読みしました。

　事例Ⅳは，とにかく「財務・会計」の知識をつけないと話にならないと，通勤時間を利用して『スピードテキスト』を熟読しました。2017年末に一度読んだだけでしたが，一度読んだことがあったため前よりはスムーズに読み進めることができました。基礎知識をつけてから『30日完成！　事例Ⅳ合格点突破計算問題集』（杉山　淳・宗像令夫・石田美帆著，同友館）を間違えた問題が解けるまで繰り返しました。その後は『中小企業診断士2次試験　事例Ⅳの全知識＆全ノウハウ』（関山春紀・川口紀裕監修，同友館）を，これも解けるまで繰り返しました。この2冊を繰り返したことで事例Ⅳもなんとかなるのではという自信が出てきて，事例Ⅳで点数を稼ぎ，他の科目をカバーしようという，実際の2次試験の結果を見るとかなり間抜けな目算を抱いていました。

　事例Ⅰ～Ⅳの全科目にいえることですが，問題を解いていくなかで自分の知識不足を痛感しました。2次試験には不要な知識も多く掲載されている『スピードテキスト』を改めて読み直している時間はないので，2次試験に必要な知識をまとめた『中小企業診断士2次試験合格者の頭の中にあった全ノウハウ』（関山春紀・川口紀裕編著，同友館）を通勤時間で通読し，知識の確認を行いました。

　1次試験とは異なり，2次試験は慣れも必要だと思い，当初は模試を受けるつもりでした。しかし，模試直前の時期にTACの過去の模試の問題を集めた『集中特訓　診断士第2次試験〈第2版〉』（TAC中小企業診断士講座著）の問題をやってみた結果，模試を受けてもろくな点数にならないことは目に見えていました。自分のことをヘタレだと思いましたが，本番前にショックを受けて

やる気を失うのも嫌だったので，1次試験に引き続き2次試験でも模試は受けないことにしました。

　2次試験の筆記試験本番当日は，1次試験とは異なりかなり緊張しました。事例Ⅰと事例Ⅱが終わった段階では，可もなく不可もなくという手ごたえでした。しかし，事例Ⅲはさっぱりわからず，残り10分になって設問2〜4の解答を全部消して見切り発車で書き直すなど，めちゃくちゃな状態になってしまいました。事例Ⅳの準備にかなりの時間を割いていたので，ここで取り戻そうと肩に力が入りましたが，配られた問題を見ると訳がわからず青ざめました。設問1はなんとかなりましたが，それ以降は今までの過去問でも見た記憶がないような問題ばかりで，とにかくすべて埋めようとくらいつきはしましたが，まったくわからないまま時間が過ぎてしまいました。

　事例Ⅲと事例Ⅳが思うようにいかず，試験終了後は不合格を確信しました。試験前はお世話になった『ふぞろい』への恩返しのため再現答案を送るつもりでいましたが，自分の大失敗を振り返る気にはなれず再現答案は作りませんでした。しばらくは何もやる気がせず，2次試験の口述試験の準備をすることなどは頭に一切ありませんでした。

　そのため，合格発表で自分の番号を見つけたときは何かの間違いではないかと目を疑いました。得点開示をしたところ事例Ⅳは案の定60点を切っていましたが，それ以外は60点以上で，特に事例Ⅲが60点を超えていたのは今でも信じられません。2次試験の口述試験を受けることになるなどまったくの想定外でしたので，慌ててTACの無料の口述試験講座を受講しました。そこで初めて2次試験の口述試験が，すでに記憶の彼方の2次論文の与件文をもとに出題されることを知りました。TACの口述予想問題をもらい，それ以外にもインターネットで見かけたLECやAASなどの予想問題はすべて入手し，予想問題だけ勉強しました。また，2次試験の筆記試験の与件文を頭に入れるため，事例Ⅰ〜Ⅳの与件文のポイントをA4用紙にまとめてたまに見返しました。

　2次試験の口述試験はいざ面接官の前に立った途端に緊張しまくり，1つの質問に2分を目安に回答するようにとの指示も頭からすっかり飛んで，どの問題も20〜30秒程度で答えてしまい，質問がいくつも追加されてしまいました。予想問題とはまったく違う質問ばかりで，2次試験の筆記試験後まったく勉強

事例Ⅰ　エレクトロニクス・メーカー
・研究開発中心
・6割：複写機の消耗品　4割：電子機器の部品から完成品に至る多様で幅広い製品
・1970年代後半　設立　国内大手メーカー向け
　コアテクノロジー評価（センサー技術）→大手・中堅メーカーとの共同プロジェクト増
　1990年初頭バブル崩壊　国内大手メーカー事業縮小で売上下落→新製品開発挑戦
　平成不況→ニッチ市場向け製品開発→安定的な収入源となる柱となる製品できず
　→売り切り型事業の限界を打ち破るため複写事業　大口顧客事務機向けＦＣ
・2000年台後半景気回復基調→業績伸長
　リーマンショック→市場縮小，売上頭打ち→同業他退でシェア拡大も売上拡大期待できず
　情報通信技術急速進展→事務機器市場大きく変化
　複写機関連製品が先細り傾向　専門知識を機能別（製品開発，品質管理，生産技術）に編成替え　部門長を役員兼任
　　　製品開発部門→グループ分け（環境エネルギー事業，法人顧客向け精密機械，LED証明関連製品）
　　　　　　専門知識ある技術者をほぼ同数配置した混成チーム
　　　品質管理，生産技術部門→数名の技術者配属，製品開発部門業務のサポートと生産委託先との調整業務
　・技術者9名
・人材が重要な経営資源→人事制度
　特徴　新卒者を原則併用せず中途採用者
　　　　年功給の割合を減らし個人業績を賞与に反映→実力主義が文化，離職率低い
　　　　家族主義的（社員持ち株制度，福利厚生施策充実，特許の報奨金）

事例Ⅱ　老舗日本旅館
・明治初期創業
　・10年間　高視聴率連続ドラマの舞台→街並み整備（名刹の通念夜間ライトアップ，観光案内や清掃活動）
　　　　　　　　　→最近　夜間の滞在人口は増加傾向
　・2013年　インバウンド急増（2017年で6倍）
　・2年前　社長死亡で民間企業勤務の長男が事業承継
　・1年前　無料Wi-Fi，HP，HPで外国語でも予約受付，主要外国語の従業員教育，モバイル決済予定
　・家族従業員3名，パート従業員4名（厳正雇用した1人は英語に堪能）
　・朝食付7500円（地元を感じられる献立切り分け，器にこだわり），夕食なし（割烹料理店の仕出し）
　・駐車場（大型バス1台，乗用車6台）
　・古風な和室，和の風情があふ若ねした庭園，大浴場など各個室に様々トイレ・バス，美術品（海外で著名な作家，芸術家あり）が随所に配置され文化の香りに満ちた雰囲気
　・X市中街地　B社は中央に位置　徒歩圏
　　北側：官公庁前，
　　東・南側：名刹，古刹（名刹が年間ライトアップ→名刹・商業地域がドラマの舞台でエリア一帯の街並み整備）
　　西側：広大な商業地域　　江戸時代の要価・明治時代の実業家の大型建造物
　　　　　　　　　住民対象の店舗（様々な飲食店，食料品店，和装店，銭湯，劇場，菊志久建設の美術館）
　・最寄駅まで公共バスで20分　1時間に5，6本
　　最寄駅から空港→直通バス　1時間40分
　・400年以上続く祭り→夜通し続く→見物客は年々増加
　・X市　大都市圏と近郊都市として人気　2017年の観光客500万で20万がインバウンド
　　古きよき時代の日本を感じさせる→観光地として人気
　・シャッター通りを防ぐべく協力体制→老舗商店店店→食べ歩きできるスイーツ・伝統思わせる和菓子→街賑わい
　　歴史ある和菓子→スイーツ・和菓子→写真映えしSNS投稿→和の風情を求めるインバウンド急増
　・明治時代から仕事，執筆・創作活動の宿泊客→プロモーションせず
　・なじみ客高齢化で減少，最寄り駅からの距離があり予約はほぼなし→Wi-Fi，HP，外国語等対応
　・X市街地はB以外宿泊業消滅し（10年前閉館），寂れた駅前にチェーン系ビジネスホテル

事例Ⅲ　電気・電子部品のプラスチック射出成形加工
　・1974年　創業
　・1980年　住工混在地域と共に電気・電子部品関連中小企業が多い工業団地に移転（高度化資金）
　・1990年代後半　顧客企業の生産工場の海外移転→受注量減少
　　・金型設計・製作から成形加工まで対応できる体制，資格取得者（技能士）を要請，OJT→加工技術力強化
　　・材料歩留向上，生産現場の改善かつ顧客企業の生形加工品のコスト低減のノウハウ蓄積
　　・工業団地組合活動のリーダー的存在→技術交流会，共同受注や共同開発
　　近年　国内需要力家電製品の生産は国内に戻る傾向向→1回の発注量が少なく以前のレベルに戻らず
　　最近　インサート成形を取得（顧客企業の工程数短縮，納期短縮，コスト削減）→1社の受注に成功
　・主要顧客業は繰り返し発注，毎日指定の数量を納品
　　X社（受注の半数）→納期に翌週月〜金の確定納品計画が指示→他の顧客分を加え毎週ごとに翌週生産計画確定
　　日々の成形加工→各設備の能力，稼働状況を考慮し翌週に日程計画
　　生産ロットサイズ→成形機の段取時間を考慮に決定，受注量より大きく計画→過大在庫
　　・成形機の段取時間が長時間化→金型，使用材料を各置換で翌，移動，運搬に長時間，金型は統一識別コードなく置き場も混乱，使用材料も入れ先が置く場所がその都度位置が変わり探す必要

事例Ⅳ　倉庫・輸送，不動産関連のサービス行
　・1990年半ば　設立
　・2年前　大型品を2人一組で配送，開梱・組立・設置を全国で行う配送ネットワーク
　　　　　→インテリアのトータルサポート事業（ハウスメーカーが販売する大型品を一カ所に集め一括配送）全国受注

与件文をＡ４用紙にまとめたもの

していなかった私はうまく対応できず，しどろもどろで冷や汗の連続でした。TACの無料講座で，沈黙を続けて落ちた人もいると聞いていましたので，とにかく沈黙だけはなんとか避けましたが，試験が終わったときにはもう思い出すのも嫌なくらい暗澹（あんたん）たる気持ちでした。2次試験の筆記試験が終わってすぐに，きちんと勉強しておくべきだったと激しく後悔しました。

　2次試験の口述試験は落ちない試験と聞いてはいましたが，それでも発表までは不安で落ち着かず，合格が発表されたときは本当に安堵したのを覚えています。

⑸　実務補習

　周りに受験仲間もいなかったので，実務補習とはどういうものなのか何も知らず，TACの合格者用の無料講座を受け，実務補習の具体的な内容を初めて知りました。思った以上に大変そうだというのが正直な感想でした。

　とはいえ早く診断士登録をしたいという気持ちが強かったため，実務補習は，最初から迷わず15日間コースを選びました。当時は土日を含めほぼ毎日事務所に出ていたため，平日を含め15日間も仕事を離れることにはかなり不安はありました。実際，実務補習期間中は実務補習と仕事の両立にかなり苦労しました。自分の確定申告の時期と重なったのも大きな負担でした。

　しかし，15日間でいろいろな経歴のメンバーと3つの異なる企業を回って企業診断を行うことは非日常的な日々でとても楽しく，また，診断士の業務の一端を実体験で理解できました。最後の診断先では，チームの診断内容について社長からかなり厳しい言葉を頂戴し，自分のコンサルとしての能力のなさを痛感しましたが，学ぶことの多い非常に有意義で貴重な経験でした。

2　合格後の経験

⑴　弁護士・診断士の多角的視点からのアドバイス

　もともと企業に所属しているわけではなく，弁護士としては独立していたため，診断士試験に合格したからといってポジションや弁護士としての業務内容には特に変化はありません。

　もっとも，弁護士業務をするにあたっての心構えには変化があったように思います。実務補習を通じ，弁護士と診断士のクライアントへの接し方，考え方にはかなり違いがあるように感じました。診断士資格取得後は，弁護士，診断士，両方の立場から多角的な視点でアドバイスを試みるよう心がけています。また，せっかく取得できた診断士資格なので，今後は診断士固有の業務にもいろいろとチャレンジしていくつもりです。

(2) 研究会やマスターコース（経営コンサルタント養成塾）への参加

　せっかく合格した以上はいろいろと顔を出してみようと思い，東京都中小企業診断士協会中央支部に所属し，協会が主催するスプリング・フォーラムや「診断士1年目の会」，「他士業連携合同ワークショップ」，「経営者合同公演＆ワークショップ」などの各種イベント，セミナーに参加しました。ワークショップで同じチームになった税理士の先生主催の忘年会にお誘いいただいたり，不動産鑑定士の先生と飲みに行ったりする機会も持ちました。

　研究会は，老舗研究会やそこから派生したファミリービジネス研究会，中小企業再生承継研究会（CSS研），IT利活用研究会等に参加しました。実務補習メンバーから聞くまで，登録更新のために5年間で30ポイントが必要ということを知らなかったのですが，IT利活用研究会のネットコンサルティングに参加し，1年目で6ポイント取得できました。

　また，中小企業診断協会では1年間を通じてスキルを磨くマスターコースという講座が開催されています。いろいろなコースがありますが，私は実務的なことを知りたかったため，「経営コンサルタント養成塾」（以下，経コン塾）に入りました。これは私が論文試験の準備のため使用した，『30日でマスターできる　中小企業診断士第2次試験　解き方の手順』（中央経済社）の著者である寺嶋直史先生が塾長を務めるマスターコースです。経コン塾では，事業デューデリジェンスのノウハウや売上アップの手法等を学びます。他のマスターコースよりも受講料は高いですが，その分熱意のある方が多いように思います。他の受講生は企業で活躍されている方ばかりで，非常に勉強になり入ってよかったと思っています。経コン塾の縁でこの体験記を書くことになり，また，補助金活用支援の団体に参加してものづくり補助金の申請などを経験し，最近ではM&A成立後の統合作業（PMI）の活動・執筆を行っています。

　その他にも，実務補習の指導担当の先生が立ち上げたNPO法人の監事に就任することになりました。

3　受験生へのメッセージ

　体験記を書いてみて，自分のあまりの無計画さは恥ずかしい限りで，こんな行き当たりばったりでよく受かったもんだというのが率直な実感です。何が功を奏したのか振り返ってみると，直前期にはある程度割り切ってあまり他には手を広げず，それまでの復習ばかりを繰り返していたのがよかったのかもしれません。仕事で忙しいなかようやく勉強時間を捻出している受験生の方の何らかの手がかりに少しでもなれば幸いです。

　診断士試験に合格すれば，今まで出会わないような方々と一緒に仕事ができるなど新しい体験が待っています。努力する価値は間違いなくあるので，皆さんも最終合格を勝ち取り，新たな世界への切符を手に入れてください。

人生の道は自分で切り拓く

佐々木　祐人

（プロフィールは巻末参照）

1　合格するまでの体験

(1)　中小企業診断士を目指したきっかけ

　私は大学院卒業後，総合大手電機メーカーに新卒として就職し，水道インフラのエンジニアとして製作仕様決定や工程管理などの仕事を担当していました。現在は転職して，事業再生コンサルティング会社のアドバイザーを務めており，ハンズオン（現地常駐）で窮境にあるクライアントの再建に向けて「会社が今どのような状態にあるのか」，「窮境を脱することができるすべはあるのか」を主に金融機関に向けて調査報告する業務を行っています。これらの業務はデューデリジェンスと呼ばれます。中小企業診断士（以下，診断士）を目指したのはまだエンジニアとして勤務していた頃にあたります。

　診断士を目指したきっかけは，勤務していた会社が不祥事で経営難に陥ったところに始まります。連日マスコミを賑わせ，株価は急落，私が従業員持株制度を使って保有していた株も数日のうちに月給以上に目減りしていきました。しかし，一介のエンジニアである私はそれに対して何もできない有様。そんな自分の無力さを痛感し，経営の勉強を始めようと決意。ただ経営に詳しいというだけでは上司に認めてもらうこともできないので，「何か学位なり資格として認められるものであること」，そして「会社で働きながらも取得できるもの」をと検討した結果，診断士を目指すに至りました。

　実は，もう1つだけ診断士を目指す理由があり，私の父が事業を営んでいたことです。一時期は従業員50人規模の会社の社長を務めていた父はその会社を辞した後，別の会社を設立。今では家族のみで事業を運営していますが，家族

経営でリソースがない中，売上増加など経営に苦労していました。経営の知識があれば，直接父の会社に勤めていなくとも力になることができるのではと思ったのです。

　上記2つを理由に，経営危機という差し迫った状況を感じつつ，それさえ乗り越えうる実務能力を取得するために，最短での合格を決意。2017年1月に診断士合格者数最大を誇る予備校の速修コースに申し込み，その年に無事にストレート合格を果たしました。

(2)　1次試験勉強に至るまで

　いち早くストレート合格を目指すと決めたからには，モチベーションを保ちつつ，自分に合った勉強方法を効率的に行い，かつ，勉強時間を確保して最大限の合格可能性を追求しなければいけないと考えました。

　診断士を目指すと決めた時期は2016年10月頃。最初は，診断士に関するいろいろな書籍を読んで研究するところから始めました。診断士がどういう資格であるのか，それによってどんなメリットがあるのかをはじめに知っておくことで，「こんな勉強して役に立つのだろうか？」と疑問を抱くことなく，日々のモチベーションにつながったと思います。また，実際に合格した人がどういう勉強をしたのかを知っておくことで合格までの実践的なノウハウに触れることができました。

　勉強のはじめは，通信講座に申し込んで，少し勉強をした時期もありましたが，出てくる用語に十分な説明がないWeb上のみの勉強コンテンツに満足できなかったのと，通信で自分のペースに依存してしまうことを懸念し，早々に中止。年始から開始する予備校の通学コースに申込みし直しました。やはり，合格者数1位を誇る予備校は，それだけのノウハウを持っているはずだと思いましたし，通学にすることで予備校が合格可能だと考えるペースについていくことになると考えたためです。結果として，この決断は正解だったと思います。

(3)　1次試験勉強

　1次試験の勉強は主に予備校のカリキュラムのスケジュールに沿って行いました。教材も1次試験では予備校の基本テキスト，演習問題集，過去問集の3

つと各科目の重要点がまとまったポケットブックくらいです。ただ，予備校の講義ペースが半端じゃないくらい早いのです。通常のコースでは，基本講義の確認をするテストが各科目にあるのですが，私が選択した速修コースだとそのテストがなく，次の科目にサクサク進んでしまう。予習・復習だけで手にあまる状態。私はそれに対して主に以下の2つのツールを使って乗り切りました。

- 勉強管理アプリ
- ガントチャートアプリ

勉強管理アプリは，「自分がどの資格を目指すのか」，「どの教材を勉強するのか」を設定し，勉強時間を登録するものです。これに週のはじめに自分の目標とする勉強時間を設定しておき，日々の勉強時間を積み重ねてクリアを目指します。世の忙しい社会人のご多分に漏れず，私も残業の多い職場で日々の勉強時間の捻出に苦労していましたが，このアプリで設定した以上，何とかそれをクリアできるように昼食時間や外出と出張のスキマ時間も勉強時間に充てられるように工夫しました。目標時間は1次試験では週20時間を基本に，試験が近づくにつれて30時間，40時間と増やしていきました。

ガントチャートアプリは，「自分が目標とする勉強進度」を設定するものです。向こう2週間分くらい登録しておき，日々の勉強進度と照らし合わせていました。勉強時間の管理だけだと，時間という「量」は計れるものの，勉強の「質」は計測できません。たとえば，過去1年分の解答と振り返りを行うのに1時間かけて行うのか，3時間かけて行うのか，理解度が同じとすると前者のほうが3倍効率が良いように，進度を勉強の「質」と定義して，ガントチャートで管理しました。本職のインフラの進度管理でガントチャートを使用していたので元々身近な存在ではありましたが，勉強でも良いツールだと思います。

以上の2つのツールは2次試験が終わるまで一貫して使用していましたが，それなしにストレート合格はなかったと自信を持っていえます。

1次試験で他に私の特徴的な点では，苦手科目がなかったところで，それは勉強方法によるかもしれません。現に，1次試験7科目中で6割を切った科目がありませんでした。その勉強方法とは，「演習問題集と過去問で，どこが誤りか指摘できない問題を1問もなくすことを目標に解く」（ただし，正答率が特に低い問題を除く）ことでした。

具体的には，「まずは問題を解く」→「解答をチェックし，間違えたら付箋を貼り，解説をもとに，問題の選択肢に正しい内容を赤（もしくは緑）で直接書き込む」→「（少し期間を空けて）付箋がついた不正解だった問題を赤シートで書き込んだ解答を隠して再度解く」→「正解なら付箋を外す，不正解ならそのまま」→「付箋がなくなるまで繰り返す」という手順で行います。この方法は，大体間違えるのは同じような問題に限られ，限られた時間で理解済みの問題に時間を割くのが無駄と考える私にとっては良い方法でした。また，テキストも解答の解説が理解できないときに振り返ることはありましたが，漫然と読むことはありませんでした。この方法で付箋が全部取れたのは 1 次試験の当日でしたが，結果として 7 科目すべて 6 割を切ることなく500点超を獲得できました。

⑷　2次試験勉強

2 次試験の勉強をいつどのように行うのかはストレート合格を目指す受験生にとって悩みどころですが，それは私にとっても同様でした。結論からすると，私は 1 次試験の勉強も佳境を極める 6 月頃から 2 次試験の対策を始めていました。それは私が受講していた予備校の先生から「速修コースの生徒でストレート合格できる生徒はごく少数である」という現実を 1 次試験の勉強中に突きつけられたためです。先生自身も 1 次試験に高得点で合格していながらも 2 次試験で不合格となり，2 年目に合格したという経験がありました。私は先生に対してどうすれば合格できるのかを聞いたところ，前年に 2 次試験不合格だった受験生のための「2 次試験対策演習コース」を受けることを提案され，そのコースに通うことでいち早く対策を始めました。

当初は，まったく 2 次試験に対する予備知識がない私が，前年に 2 次試験受験歴のある受験生たちとの間で自分たちの答案を見せ合ってディスカッションすることに劣等感を常に抱いていました。しかし，真の合格ラインはこの教室の中にあると信じて通い続けたことは結果として正解だったと思います。おそらく他のストレート合格を目指す受験生と同様に 1 次試験後に対策を始めていたら，前年の受験生の安定したレベルや他のストレート合格生の伸びのレベルのどちらにも及ばずに不合格に至ってしまっていたでしょう。それは，後に述

べる私の2次試験の獲得点数からすると間違いありません。

　2次試験の勉強方法は，予備校では予備校の教材をもとにした演習を行いつつも，自習では主に過去問を行い，合格者の答案を分析した診断士2次試験のバイブル『中小企業診断士2次試験　ふぞろいな合格答案』（ふぞろいな合格答案プロジェクトチーム編，同友館）で解答を採点する方法をメインに行っていました。当初は過去問の採点を予備校の教材を用いて行っていたのですが，解説のロジックが理解できなかったり，80分で解くにはあまりに難解だったり，読んで理解するだけで80分以上かかってしまうようなことがありました。一方で，『ふぞろい』ではキーワードで採点でき，合格者が80分で解けた内容しか記載されていないので納得感が高かったです。

　模擬試験は通学していた大手予備校の試験のみ受験しましたが，合格ラインといえるほどの点数は獲得できませんでした。しかし，事例IVはともかくとして，事例I～IIIは出題なり解答なりも予備校の癖があり，かつ，それは実際の出題者が作成した問題ではないので，点数の高低をあまり気にしていませんでした。ただ，一度本番と同じような環境での試験を体験しておくという点では良い体験だったと感じています。

　2次試験では1次試験とは異なり，単に時間をかけて多くのことを勉強して理解すればよいというものではない点で，どのように自分の勉強時間を着実に成果に結びつけるか，解法プロセスの確立までにとても苦労しました。事例I～IIIでは，「時間配分」をはじめ，与件文で注目した点に「どのようにマーキングするのか」，「何色のマーキングをするのか」，「解答構成に与件でマークした要素をどのように盛り込むのか」など，過去問を解くごとに試行錯誤し，自分の一番良い方法を確立していきました。試験のおよそ1か月前くらいまでは試行錯誤していたかもしれません。ただ，解法が確立してからはあまりに低い点を取ることがなくなってきたように思います。

　事例IVでは，皆が安定した高得点を狙う中で，ミスが命取りになってしまうことを自覚したうえで，ミス履歴のノートを作って間違えた内容を記録しておき，2度と同じミスをしないように気をつけていました。

　2次試験当日は，事例I～IIIを解いた段階で余裕はなくとも何とか合格を狙えるのではという手ごたえを感じていました。それだけ，事例IVのある問題を

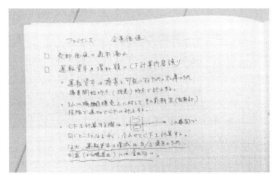

事例Ⅳのミス履歴を記したノート

解くために電卓を叩いている最中に「この問題をミスすると落ちる」という危機感に苛（さいな）まれ，手が震えました。そこで，私は当初の診断士を目指したきっかけ「事業を営む親を助けたい」，「今の会社の窮状に無関係でありたくない」を思い出し，「この俺を落とすのか，落ちてたまるかよ」と自分を鼓舞して何とか乗り切りました。得点は242点。手が震えた問題は合っていました。

2　合格した後の経験

(1)　会社での変化

　会社では診断士試験合格者と認められながらも，エンジニアであった私が具体的に経営に関して力を発揮するチャンスがすぐに巡ってくるということはありませんでした。そうすぐにできると予測してもいませんでしたが，経営陣に直接意見できる若手プロジェクトに応募したり，経営企画寄りの仕事ができるような社内異動のオファーに応募したりしましたが，たまに巡ってくるそのようなチャンスをことごとく逃してしまっていました。そして，会社以外での活動を活発に行うようになっていました。

(2)　会社以外での学びと活動

　新米診断士としていろいろな研究会に顔を出してみたりもしましたが，結局，

診断士になったとはいえ本来自分が目的としていた「実践的な経営スキルを身につける」に至っていないことを痛感し，役立ちそうなセミナーをいくつか受講することとしました。

　1つ目は，診断士としての独立と高給取得を目指すことを前提に，自分の強みの認識とコンテンツの整理などを広く受講者で共有し，ブラッシュアップしていくセミナー。2つ目は，製造業向けに特化し，財務分析・外部環境分析，内部環境分析，現場改善など広く学ぶことができるセミナー。3つ目は，100社以上の事業再生を手掛けてきた事業再生コンサルタントの先生が主催する事業デューデリジェンスについて学ぶことができるセミナーです。

　どのセミナーも現役のコンサルタントの先生が主催する有意義なセミナーではありましたが，私の興味を最も引いたのは事業再生でした。なぜなら，最も経営に対する実践的なスキルを得られる場とは，最も会社が厳しい状況に置かれているときにその力を発揮できることではないかと考えたためです。その事業再生セミナーで1年かけて「会社全体をどのように好転させるか，そのためのいろいろな分析手法」を学ぶにつれて，自分がそれとまったく関係のないエンジニアとしての本業に大半の時間を費やしていること，そして，それが自分のスキルを持って会社の業績に貢献していると感じきれていないと自覚することが多くなりました。

(3)　事業再生コンサルティング会社に転職

　私は運命や縁を強く感じるほうで，3点差で合格を勝ち取った2次試験に関してもそうですが，会社でチャンスを掴み取れなかったこともまた運命と感じており，転職の機会を窺っていました。ただ，具体的に転職サイトに登録するということはなく，まずは診断士関係の人脈でいろいろな方の話を伺いつつ，知見を広めていました。その折，同い年の診断士と意気投合し，互いの仲間を集めて忘年会をやろうという話になりました。そこで会った方がM&A，金融やコンサルティング業界に特化した転職斡旋会社の代表をされており，私が転職を考えているということで面談する機会を得ました。

　その面談で，自分が希望する「事業再生を行っている」，「中小企業向けで自分の力を主体的に発揮できる」，「診断士や自分のこれまでの理系エンジニアと

してのキャリアを尊重してもらえる」という条件に合う会社をピックアップしてもらいました。そして，私が今所属している会社が一番に名前が挙がり，私自身もとても条件に合うと思いつつ，すすめもあり他の数社も並行して転職活動を行いました。その結果，やはり縁あって今の会社に転職するに至ります。

　事業再生業界では，法的整理は弁護士が主なプレーヤーである一方，私的整理は公認会計士や金融機関出身者も多く，事業デューデリジェンスも診断士でなければならないというものではありません。ただ，30代前半で事業再生関係の実務経歴を持たない一介のエンジニアであった私が事業再生コンサルティング会社に転職できた理由として，診断士資格を保有していることが1つとなったのは間違いありません。

⑷　事業再生コンサルタントとして

　今は事業再生コンサルタントの一員として，主に地方の売上高数億～数十億円規模の窮境に陥った会社に常駐し，会社の協力を受けて「なぜ窮境に陥ったのか」，「再生の可能性はあるのか」を事業調査報告や再生計画としてまとめ上げ，金融機関に説明し，再生計画の同意を得る仕事をしています。これを行うことで当面の資金の懸念を解消し，会社に窮境に陥った理由を再認識してもらい，関係者全体で会社再生に向けて一致団結して取り組んでいく体制を作っていくことができます。数値の裏付けをもとにした論理的思考力のみならず，1社当たり2～3か月というタイトな期間内で会社の隅々まで調査してまとめ上げるという長時間働く体力も求められる厳しい仕事ではあります。ただ，自分がその会社の再建に直接貢献できるやりがいを十分に感じられています。

　診断士としてのスキルがどの点に活かせているかについて，私が元々エンジニアで財務3表すら日々扱わない仕事であったのに対して，今はそれを見ない日はないくらいですが，診断士の勉強と事業再生セミナーでの事前知識があったことで，いざ仕事に臨むときも恥ずかしい姿を見せずにすみました。診断士の知識が事業再生コンサルに十分かといわれれば当然そうではないですし，一方で，事業再生コンサルティングでも診断士の基礎知識さえ足りないものはたくさんあります。結局のところ，診断士の知識はツールであり，あるだけではだめで使えるようにならなければ意味がないものなのだと思います。だからこ

そ，単なるそのツールを準備するために時間をかけるのではなく，いち早く合格して，必要なときにツールを使える状態にしておくことがいいのでしょう。ツールはいくらたくさん持っていても使わなければ意味がないのですから。

3 受験生へのメッセージ

　私は診断士資格の取得をきっかけに自分の道を切り拓くと決意して，運命と縁に味方してもらった結果，何とか期待するキャリアを歩むことができました。その結果である今は決して楽な状況ではないですが，この道を選んだことに後悔はありません。診断士を受験したいと思う人とその理由はさまざまだと思いますが，私が会った合格者の方は一様にこの何かを変えたいとエネルギッシュな方ばかりでした。逆にいえばそのような方だからこそ，合格できたのだと思います。自身もそうなろうと本書を読んでおられる受験生の方に以下のメッセージを贈ります。これは私自身が自分に問いかけていたものです。

　目指すと決めたなら取ろう。
　できない理由を言う暇があったら，できる理由を探そう。
　自分の人生，変えられるのは自分次第。
　自分の人生を変えたいんでしょう？
　世の中により貢献できるようになりたいんでしょう？
　そのためにこの資格が絶対に必要なんでしょう？
　じゃあやろう。
　人生で大切にしたいものはしっかり確保しよう。
　でも代わりに要らないものはすべて捨ててしまおう。
　何かを捨てないと前には進めない。
　大丈夫。
　しっかりやった先には栄光の未来が待っている。
　迷わず一歩一歩進んで行こう。

　診断士になってお会いできる機会を楽しみにしています。

中小企業診断士試験を通じて　現状を打破するスキルを獲得

奥村　直樹

（プロフィールは巻末参照）

1 　合格までの道筋

(1)　中小企業診断士を目指したきっかけ

　私は，公的な中小企業支援機関に勤めています。受験を志した当時は，社内でこれといった専門性や強みを持っていないこともあって，誰がやっても変わらないような事務仕事をこなす毎日でした。そんな日々に嫌気が差し「もっと直接的な経営支援の現場に携わる仕事を担当したい！」と考えていました。

　その時，選択肢に挙がったのが中小企業診断士（以下，診断士）の資格です。偶然にも，すでに他界していた祖父が生前に診断士資格を取得して経営コンサルタントとして活動していたという話を家族から聞いており，どのような資格なのかということは少し理解していました。ただ，私はこれまでの人生で大学入試などの大きな受験を経験したことがなかったため，本当に最後まで受験勉強をやり遂げられるか大きな不安がありました。そこで，まずは小手調べに診断士試験の範囲とも重複する日商簿記検定を受けてみることにしたのです。

　2015年2月，まずは日商簿記3級を受験し合格，6月には2級を受験し合格しました。「この調子ならいけるかもしれない！」，そう考えた私は，その年の10月から診断士試験の勉強を開始します。これが丸2年間におよぶ受験生活の始まりでした。

(2)　1次試験対策

　受験勉強を始めるにあたっては，7科目あるうちの何から手をつけてよい

か右も左も分からなかったため，簿記検定のテキストでお世話になっていた
TACの診断士講座を受講することにしました。基本的には，週に2回，平日
夜に教室講座に通い，土日は自習室やカフェで復習するといったスケジュール
で学習を進めました。以下は当時の基本的な1日のスケジュール例です。

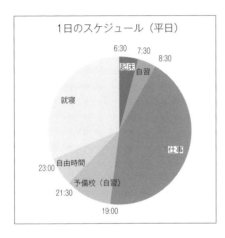
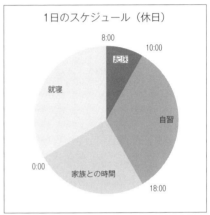

　これはあくまでうまく時間が確保できている例なので，実際のところは，自
習の合間に休憩をとったり，飲み会があって勉強できなかったり，家族サービ
スがあったりと目標より少ない勉強時間でした。特に，この年の1月に子供が
生まれたばかりだったため，誘惑に負け勉強よりも家に早く帰ることを優先し
てしまった日が数多くありました。

　TACでは，最初に受講した企業経営理論の担当講師がコンサルティング現
場の実例を交えたおもしろい講義を行っていたこともあり，特に苦手意識を感
じることなく勉強をスタートできました。TACの講座は，曜日や校舎ごとに
異なる講師が同じ科目の講義を実施しており，自分がおもしろいと感じる講師
を選んで出席できるのが良いシステムでした。また，これは当初から狙った効
果ではありませんでしたが，教室講座に定期的に通うことを通じて，志を同じ
くし，さまざまな試験対策情報を共有できる勉強仲間ができたことも大きなメ
リットでした。

　1次試験対策で使った教材は，TACから支給されるテキストと「トレーニ

ング」という問題集および，同友館から出版されている『中小企業診断士試験過去問完全マスター』（過去問完全マスター製作委員会編）という過去問題集でした。

　10 月から翌年 3 月頃までは，TAC の講義の進捗に合わせ，講義が済んだ範囲の問題を「トレーニング」を使って解き，不明な点をテキストで再確認するという学習方法でした。この頃の月間の勉強時間は講義を受けている時間も含めて 50〜70 時間程度だったと記憶しています。

　4 月から 7 月にかけては，『過去問完全マスター』をメインに過去問をひたすら解くという学習方法にシフトしました。TAC からも過去 5 年分の過去問題集が支給されていましたが，それを使わず『過去問完全マスター』を勉強に採用した理由は大きく 3 つで，1 つ目は，問題が年度ごとではなく，論点別に横断的に掲載され，苦手な論点を狙って徹底的に鍛えることができたため，2 つ目は，過去 10 年分の過去問題が頻出度合に応じてランク分けされ掲載されているため，3 つ目は，問題の次のページに解答解説が掲載されており，テンポよく勉強が進められたためでした。なお，この頃の月間勉強時間は 8 月の試験日が迫るにつれて増加し，70〜90 時間程度だったと記憶しています。

　実際に，学習当初私が苦手にしていた経済学・経済政策などの科目は，この過去問題集を使い，過去問に出てくる図表を丸暗記してしまうほどやり込むことで，試験前には得意科目に変えることができました。この過去問題集を使うデメリットは，1 冊がとても分厚く重いため，持ち運びに苦労することくらいだと思います。

　2016 年 7 月，これまでの勉強の集大成を発揮する場である TAC の全国公開模試を迎えました。2 日間で 7 科目のテストを一気に受けるというのは初めての経験で，終了後はこれまで感じたことがないほどの疲労感でした。結果は見事 A 判定。この時初めて「合格できるぞ」と自信を持てたのを今でも覚えています。ただ，変に結果が良かったことで，1 次試験の先にある 2 次試験対策を始めるべきか，気を抜かずに 8 月まで 1 次試験対策に専念すべきか，本当に悩みました。最終的には，「もし 1 次を通過できなかったら」という恐怖心から，1 次試験対策に専念し，試験日を迎えることになります。今考えると，この判断が裏目に出たのかもしれません。

(3) 2次試験対策（1年目）

　1次試験終了後，自己採点ですぐに合格していることが判明し，早速2次試験対策に取りかかりました。ただ，初めて解く2次試験問題はとても難しく，制限時間の80分で半分も解き終わらないといったひどい状況でした。当然に1次試験から2か月後にあったTACの2次全国公開模試では惨敗します。最終的にラスト1か月でなんとか巻き返すも，本試験の結果は惜しくも不合格となりました。「また1年受験生活が始まるのか…」，とてつもない挫折感を味わったのを記憶しています。

(4) 2次試験対策（2年目）

　1年目の2次試験終了後，約1か月半勉強を休んだ後，12月から2年目への挑戦が始まりました。コンサルティングの基本は現状分析から。まずは敗因分析です。試験結果はハガキで届きました。全体的にB評価以上と健闘したものの，得意としていたはずの事例Ⅳでの計算ミスにより得点を伸ばせなかったことが敗因でした。

　敗因を踏まえたうえで，まず，TACの2次試験対策コースの申込みを済ま

試験結果通知

せ，次に事例Ⅳ対策に使える計算問題集を片っ端から買い漁り，毎日計算問題を解く生活が始まりました。問題を解く過程では，ミスしたポイントをスマートフォンのメモ帳に逐一記録することで，再発防止を行いました。その成果もあって，次第に事例Ⅳの得点力が高まり，テストの結果も安定するようになっていきました。2次試験は，さまざまな解答例が想定できる事例Ⅰ〜Ⅲにおいては，問題との相性により得点にバラつきが起こりやすいですが，答えが明確な計算問題が主体の事例Ⅳにおいては，実力と得点が比例しやすいという特徴があります。また，最終科目で巻き返せるという自信を持つことで，事例Ⅰ〜

Ⅲでの多少の失敗も許容でき，精神的に楽になることができるのも，事例Ⅳを得意科目とする大きなメリットだといえます。

　事例Ⅰ～Ⅲ対策においては，TACの講義以外では，過去5年分の過去問を中心に自習を進めたほか，マス目が付いた紙を使って，新聞記事を要約するなどし，定められた文字数でわかりやすい文章を書く練習を何度も繰り返しました。また，事例Ⅰ～Ⅲを解くうえではタイムマネジメントが重要になってきます。80分という限られた時間で，文章を読み，定められた文字数で解答を導かなくてはなりません。私は，基本的には40分間で解答内容の骨子を決め，残りの40分で解答欄に文字を編集するというスタイルで問題を解いていました。このようなタイムマネジメントは2次試験の勉強を進めるうえでとても有効だと思います。理由は，連続した80分の時間が確保できないときに，前半の40分だけ問題を解いて，解答骨子の作成までを繰り返すだけでも，十分な鍛錬が積めるからです。次ページの写真は実際に解答骨子を作成するところまでメモした問題用紙の一部です。前述のマス目に文字を編集する練習と，この解答骨子を考える練習を切り離すことで，細切れの時間が有効利用可能となり，勉強効率を高めることができました。

計算ミスの記録メモ

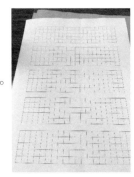

解答練習用の紙

　地道な勉強を続けた結果，2017年5月に行われたTACの模試でA評価を獲得し，今年こそは合格できるだろうという自信を得るに至りました。

　6月頃には，過去問の内容も大体覚えてしまい，解く問題がなくなってしまったため，気晴らしもかねて1次試験の勉強を始めました。せっかくなので，その年の1次試験も受験し，ギリギリで合格。もし今年の2次試験で不合格に

なってもまた次の年に2次試験から再受験でき
るという保険がかけられたので，少し気分が楽
になりました。

　夏以降は，平日夜に1事例，土日は1日4事
例というペースで，過去7年分の過去問を解き
まくり，同友館から出版されている『中小企業
診断士2次試験　ふぞろいな合格答案』（ふぞ
ろいな合格答案プロジェクトチーム編）という
参考書を使って，解き終わった過去問の復習を
繰り返しました。この参考書は，正解の発表さ
れない2次試験において，実際に合格した人が

解答骨子のメモ

記憶で再現した答案を収録しているという内容で，合格者の解答のレベル感を
知るうえでとても有益でした。

　受験を志してから2年が過ぎた2017年10月，2回目の2次試験を迎えました。
試験会場として指定された立教大学池袋キャンパスまでは，自宅から電車で2
時間ほどの道のりだったため，前日は会場最寄りのビジネスホテルに宿泊し万
全を期しました。当日は，やはり1年目の失敗経験があったおかげで，アクシ
デントにも動じずに精神的にも余裕を持って問題を解くことができました。写
真は試験会場で当日撮影したものです。左手に置いてある四角い物体は置時計
ですが，なんと試験開始直前に試験監督に使用禁止を言い渡されました。会場
に据え付けの時計はありませんでしたが，幸いにも腕時計を持っていたので命
拾いしました。

　12月上旬の試験結果発表日には，
仕事を休みインターネットから試験
結果を確認しました。自分の受験番
号が画面に表示されたときは，2年
間の努力が報われたことや，これま
での受験生活を支えてくれた家族へ
の感謝などさまざまな感情が込み上
げました。後日，妻に聞いたところ，

試験会場の様子

ひたすら奇声を発していたそうです。

(5)　口述試験対策

　2次試験は，筆記試験と口述試験の二本立てとなっており，筆記試験合格者のみが口述試験を受けられる仕組みになっています。口述試験は，一般的に受験者をふるい落とす試験ではないため99％の人が合格するといわれています。しかし，初めて受験する私にとっては不安しかありません。もし，万が一でも落ちてしまえば，もう一度あの苦しい筆記試験を受験しなくてはならないのです。試験内容は，面接形式で2次筆記試験の内容について質問されるため，TACのほか，さまざまな受験生支援団体が主催する模擬面接に参加し練習しました。無事合格できた今思えば，それほどの対策は必要なかったと感じますが，模擬面接会場で知り合った同期合格者とは今でも交流する仲に発展しており，決して無駄な経験ではありませんでした。

2　合格後の体験

(1)　仕事面の変化

　合格後の出勤日はとても足取りが軽かったです。2017年12月26日の合格発表後，会社の忘年会にてドヤ顔で合格報告を行ったときの快感は今でも忘れられません。早速，当時在籍していた部門から経営支援部門への異動を上司に直訴し，翌年には希望どおり異動できたことで，本格的に今までやりたかった仕事ができるようになりました。まさに，受験を志したときの動機である，現状打破が叶った瞬間でした。

　診断士として正式登録するための実務ポイント取得については，実務補習15日間コースに申し込み，製造業2社，小売業1社のコンサルティングを行いました。チームメンバーは私と異なり，大手企業に勤務している人ばかりでしたが，逆に社外の仕事の進め方などを学ぶ良い機会となりました。1社当たり5日という短期間で診断報告書を作成するのはとても大変な作業で，連日夜遅くまで作業に励みましたが，チームメンバーにも恵まれたことで，無事に修了し，

2018年4月に官報掲載され診断士として正式登録することができました。

　実際の仕事現場においては，中小企業からの経営相談に応じ，キャッシュ・フロー計算書の作成，経営分析，外部環境分析，内部環境分析，事業戦略の提案などなど，試験を通じて学んだ知識をそのまま活用することができました。これは，中小企業支援機関に所属していたからこその体験かもしれません。また，正式に診断士と名乗ることで，経営相談に来る経営者の私を見る目も「単なる若造」から「新米専門家」に変化したように感じられたことも嬉しかったです。

経営相談の様子

　さらに，自分の会社を診断士として分析してみると，さまざまな問題点や課題が浮き彫りになるため，今自分が何をすべきかが見えてきます。また，自分自身を分析することでも，将来への課題が浮き彫りになります。資格取得後に転職や独立する人が多いのはこのような理由なのかもしれません。

(2)　ネットワークの変化

　診断士は，同業者同士のネットワークが強いことで知られています。これは，独占業務がなく活動範囲が広いため，同業者が必ずしも商売敵に直結しないことや，私のように企業に所属しながら診断士活動を行う企業内診断士と呼ばれる層が多いことが要因だと考えられます。

　私も，合格後には実務補習のチームメンバーをはじめ，同期合格者や中小企業診断協会主催のイベント等で知り合った診断士と交友関係が広がりました。また，知り合った仲間とは，執筆活動や診断士受験生支援活動などのプロボノ活動を一緒に行うことも多く，定期的に飲みに行くような信頼関係が築けています。特に診断士業界はFacebookなどSNSでの交流が盛んで，友達が増えるほど業界情報を入手しやすく，仕事の募集なども頻繁に行われているほか，Messengerを使った個人的な連絡が取りやすいことも大きなメリットです。ネットワークを広げ，社内だけでなく社外のコミュニティからも積極的に刺激を受

けることで，以前より広い視野で仕事ができるようになったと実感しています。

3　私が中小企業診断士試験で得られたもの

　現状を打破するスキルの獲得。これが診断士試験を通じ私が得られたものです。具体的には，まず，１次試験の勉強を通じては，社会人として知っておくべき基礎知識を網羅的に学習することができます。そのおかげで，経営者とのビジネスに関する会話や経済紙などに出てくる専門用語にも難なく対応できるため，コミュニケーションや情報収集の円滑化に貢献しています。

　次に，２次試験の勉強を通じては，与えられた情報を整理し，結論のあるべき姿を想定する分析スキル，限られた文字数で結論とその理由を簡潔にまとめる文章力が鍛えられました。また，相手への伝わりやすさを意識し，相手の意図をよく考えながら説得力のある文章を書く習慣がついたことは，提案書や報告書の作成など仕事をするうえでとても役に立っています。

　私は，診断士試験の内容や受験について知人から相談された際は，その方が経営コンサルタントを志しているかどうかを問わず，必ず挑戦するように助言しています。なぜなら，この試験への挑戦は，社会人としての基礎スキルの大幅な向上に貢献するものだと自信を持って言えるからです。もし，日本のビジネスマンの全員が診断士試験を受験すれば，間違いなく日本のGDP成長率の向上に貢献するでしょう。

　独占業務のない診断士は，よく「食べられない資格」と揶揄されることがあります。しかし，専門性が高いために使える分野が限られる他の国家資格と比較すると，この資格を通じて得られたスキルは汎用性が高いことこそがメリットです。つまり，ある種の社会人としての考え方を形成するためのOS（基本ソフト）のような役割を果たし，自分の環境に合わせた活かし方ができるのが，最大の強みだと私は考えます。今流行りの副業を考えるうえでも，これほど多様性があり便利な資格はないのではないでしょうか。

　もし，本書を手に取って，少しでも診断士に興味を持った方，現状を打破するスキルを獲得したいと考えている方がいらっしゃれば，私を信じて必ず受験してください。絶対に後悔はさせません。

夢を叶えるための本気の道のり

佐藤　佑樹

（プロフィールは巻末参照）

1　直前模試 D 判定も，１次試験全科目一発合格

(1)　勉強を始めたきっかけ

　中小企業診断士（以下，診断士）の勉強を始めたきっかけは，経営の知識を学ぶためです。私の将来の夢は独立診断士になることです。しかし，何の知識もなく独立するのは不安なので，国内で唯一の経営コンサルタントの国家資格「中小企業診断士」を取得し，経営の知識を学んでから独立しようと考え始めたのがきっかけです。私は１次試験を筆記，２次試験を自分の通っていた大学の大学院に通って取得しましたので，その体験記を下記に記載します。

(2)　学習方法や当時の身の回りの環境

　学習する環境としては，私はかなり恵まれていました。私が通っていた学校には，企業経営に関し知識豊富な先生が多く，診断士の資格取得をバックアップする環境が整っていました。そのうち，特に私が診断士資格取得の役に立ったと思うことを主に２つほど紹介します。

　まず１つ目に，診断士の資格講義が大学にありました。資格の専門学校の講師が毎週講義を行ってくれます。また，大学が休みの間は集中講座があり，学校が休みの間も学習することができます。

　２つ目に，診断士の資格取得のための勉強会が放課後にありました。この勉強会は診断士資格取得を本気で目指す人のみが入会することができるもので，大学が講師として外部から独立コンサルタントの方を呼んでくれました。独立を目指している私にとって，診断士資格を取得して独立開業している本物のコ

ンサルタントから指導をしてもらえるというのはとてもモチベーションアップ
につながりました。また，その勉強会では勉強方法だけでなく診断士資格を取
得したらどんな仕事ができるのか，どれくらい稼ぐことができるのかなど，資
格取得できたらどんなメリットがあるのかイメージを湧かせてくれました。

　また，得意科目と苦手科目については，得意科目の財務・会計にはあまり時
間を割かず，その分の時間を苦手科目の経営法務に割くようにしていました。
財務・会計に関しては，日商簿記の勉強をしていたためほとんど勉強しません
でした。やるのも問題集ではなくほとんど過去問のみです。なぜ時間を割かな
くて済んだかというと，財務・会計の問題は計算式さえ理解していれば答えが
出るからです。ただ日商簿記検定試験と診断士試験の財務・会計では出題頻度
の高い問題も違うため，過去問を使って診断士試験の財務・会計で出題の多い
問題の対策をしました。そしてその分苦手科目である経営法務に時間を割きま
した。経営法務の難しいところは，問題文が長く難しい言葉が多いため問題内
容の理解が難しい点です。経営法務の対策として，問題文を読んだら文章を図
で表現するようにしていました。なぜそうするかというと特に経営法務は問題
文中に登場人物が多く登場するため途中で人物の関係性を間違える可能性が高
いからです。一度図にしておけば問題文を読み直さなくても一目で理解できる
ようになります。

　しかし，こうした努力も最初は実らず，試験直前の模擬試験では，7 科目の
点数の評価判定は A ～ D 中の D 判定でした。当時は全科目一発合格を目指し
ていましたが，このままでは全科目どころか 1 科目も合格できません。今まで
どおりの勉強方法では合格できないと思い，試験直前は試験合格特化型の勉強
方法に対策を変更しました。対策内容としては，とにかく過去問演習を行うこ
とと，過去出題頻度の高かった項目の問題を何度も解くことです。過去問は過
去 5 年間分に集中して最低 5 回以上は解きました。試験対策として過去問を何
度も解くメリットは主に 2 つほどあります。まず 1 つ目は過去出題されてきた
問題を繰り返し解くことで，出題者の問題の出し方の癖をつかむことができる
というメリットです。試験問題の作成は中小企業診断協会が行っています。中
小企業診断協会の試験作成担当は，試験問題を作成する際にある程度過去の試
験問題を参考にします。過去 5 年間分は比較的新しいため試験作成担当も参考

に作成しているケースが多いと聞いたことがあります。また，試験作成担当も毎年頻繁に変わるわけではないので，過去数年分の過去問を解くと，試験問題の癖や，解き方のコツがなんとなくつかめるようになります。

　2つ目は本番慣れすることができるというメリットです。本番に弱い人は，練習問題で点数が高くても本試験で頭が真っ白になり実力が出せないということがよくあります。私もそうでしたが，練習問題では感覚的に解答できる簡単な問題も，本番では，「ひっかけ問題なのではないか？」などと裏を読みすぎて間違ってしまう場合が多いです。過去問を何度も解くことで本試験でも緊張せずに問題を解くことができます。過去問勉強のコツとしては，本試験と同じ順番，制限時間，時間帯で行うことです。たとえば本試験の試験構成が午前中は財務・会計，経済学・経済政策の2科目，午後が運営管理と経営法務の2科目で，制限時間が各科目90分ずつだとしたら，過去問で学習する際も本試験と同じ順番，制限時間，時間帯に行います。できれば朝の起床時間や昼休憩の時間帯もまったく同じ時間にとるようにします。本試験にできるだけ近い条件で過去問の学習を行うと，自分の身体に本試験のリズムを覚えさせ，本試験でも緊張せずに問題を解くことができるようになります。特に科目の順番も本試験と同じにするというのは重要です。なぜなら違う科目に取りかかる瞬間というのは頭の切り替えに意外と時間がかかるからです。たとえば財務・会計なら計算，中小企業経営・政策は暗記が多いです。学習する科目の順番を本試験と同じ科目の順番にしておけば，本番でもスムーズに頭のスイッチを切り替えることができます。私はこの勉強方法のおかげで，いつもどおりのルーティーンをこなしているようなリラックスした状態で本試験に臨むことができました。先述したようにこの勉強方法は試験に合格することに特化したものであり，あまり応用力の身につく方法ではありませんが，とにかく試験に受かることが優先と考え，この勉強方法に変更しました。

　また，D判定の不安を断ち切るために試験直前は月350時間という周りよりも圧倒的な勉強時間を積みました。ひたすら勉強して不安を取り除きたかったというのもありますが，この勉強量は「ここまで努力したのだから絶対合格する」という自信にもつながりました。大学で私の面倒を見てくださっていた先生も，試験直前D判定だった私が，まさか1次試験に一発合格するとは思っ

ていなかったようで，合格発表の時は大変驚いていました（笑）。

　診断士試験は科目数が多く，範囲がとても広いためかなりハードな勉強が必要です。そのハードさゆえに，勉強会を脱退してしまうメンバーも多数いました。しかし周りの環境のおかげで私は予備校などに通うことなく大学の環境のみで1次試験全科目一発合格をすることができました。

平成29年度中小企業診断士1次試験に2名が合格、複数科目にも2名合格！

👍いいね！0　ツイート　LINEで送る　　　　　2017年9月15日　商経学部

2017年8月5日(土)、6日(日)に実施された平成29年度中小企業診断士第1次試験で商経学部生が見事合格しましたのでお知らせします。

本資格は、経営コンサルタントの唯一の国家資格として、社会人(20代〜40代のビジネスパーソン)の「取得したい資格ランキング2016」第1位の資格(日本経済新聞社、日経HR調査)であり、実務経験を有する社会人が圧倒的に有利な難関資格です。

今回の第1次試験合格率は15.4%※1(合格者3,106名)でした。そのうち、学生※2の合格者は全国で35名、その中で2名が商経学部生という快挙を成し遂げました。
おめでとうございます。
※1申込者数に対する合格率
※2一般社団法人中小企業診断協会「平成29年度中小企業診断士第1次試験に関する統計資料」の5.勤務先区分別人数における学生

（出所）千葉商科大学ホームページ

(3)　モチベーションの上げ方

　勉強のモチベーションの上げ方としては試験に合格した後のことを想像することです。試験に合格できたらどうなるのか，診断士になったら将来どんな仕事ができるのか。思いついたことを紙に書いて壁に貼っていました。そして集中力が切れた時は壁を見上げて自分が何のために勉強していたのか思い出すようにしていました。試験合格したらできそうなことを目に見えるところに貼っておくというのは，当初立てた目的を見失わなくなるというメリットがあります。人は将来の「目的」を高く設定しがちです。しかし，いざ目的達成のために必要な「目標」をこなしていると，当初立てていた目的を見失い，挫折してしまうことがよくあります。たとえるなら試験合格のため自分の苦手科目の勉強をやっているときに生まれる「自分は何のためにこの勉強をやっているのだろう」とか，「この勉強は自分にとって本当に意味があるのだろうか」といっ

た感情です。診断士試験は科目数が多く，資格取得までに必要な勉強時間が長いためこの状態に陥りやすいと私は思います。しかし壁紙など自分が常に目を通すところに目的を貼っておくことで，自分は何のために勉強しているのかという原点に帰ることができ，当初自分が立てた目的のために頑張ることができます。

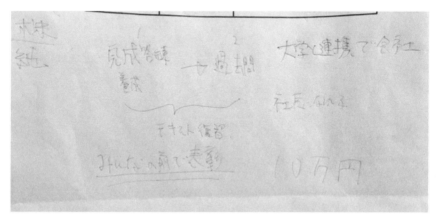

受験生時代に壁に貼っていたメモ書き

　当時の壁に貼っていたメモ書きを見てみると，私は「社長になれる」とか，「みんなの前で表彰される」などをモチベーションに頑張っていました。今思えば診断士になっただけで社長にはなれませんが，診断士の勉強をしていたおかげで企業経営者と知り合う機会や，独立のためのステップアップができるところを紹介していただく機会ができました。これは診断士の勉強をしていなければなかったことだと思います。診断士の勉強をしていたおかげで，壁に貼ってある夢に実際に近づくことができています。

　また，診断士の勉強で一番苦労したことは周りの誘惑に勝つことです。1次試験勉強を行っていた当時は大学生だったのでいろいろな誘惑がありました。遊びの誘い，テレビ，SNSなどです。私はこれらの誘惑を断ち切るための対策として，スケジュール帳に勉強，休憩，食事，睡眠の時間をすべて書き込み，その時間どおりに活動しました。もし事情があり達成できなかった場合は次の日に遅れた分の勉強をするようにしました。

　誘惑に勝つ対策は，誘惑そのものをなくすことです。勉強の時間と決まっている間は，遊びや SNS の誘惑を断ち切るためにスマートフォンの電源を切り，見たいテレビが特番で入った時は録画して食事の時間に分割して見るなどしていました。

2　千葉商科大学で学部出身者初となる私の診断士登録までの道のり

(1)　忍耐力を養った大学院での生活

　苦労したことは大きく 3 つほどありました。1 つ目は環境への適応です。私は新社会人になると同時に大学院の診断士養成コースに入ったため，最初は会社・学校どちらの環境も初めてのことばかりで，慣れるのに大変苦労しました。特に同級生との年齢差というのは大きな課題でした。同級生や講師陣は私の父親と同年代か，それ以上の年代の方で，そんな先輩方の会話は当初まったく理解できず，卒業までついていけるのか本当に不安でした。しかしその不安も同じ学舎で時を過ごすとともになくなっていきました。普段関わることのできない先輩方の貴重なノウハウを学ぶことができるので，年齢差が大きいというのはむしろ大きなメリットだと後々気づきました。

　2 つ目の苦労は，実習先でのお客さまの現状・課題についてのヒアリングが，社会人経験が浅かったためあまり理解できなかったことです。実習では，経営に対する提言をさせていただくためにお客さまの現状・課題をヒアリングする時間があります。実習ではありますがお客さまは経営についての悩みや，現状を本気で話してきます。にもかかわらず，当初はヒアリングした内容がほとんど理解できず，居眠りしかけていたこともありました。当初の実習の成績は実習のインストラクターから「佐藤には点数をつけられない」と言われていたほどです。しかし，当初理解できなかったことも社会人経験を積むにつれて理解できるようになりました。

　3 つ目の苦労は時間と資金不足でした。平日は会社で休日は学校です。実習や講義の課題が出ると，平日に課題をやるしかありません。しかし繁忙期は毎

日帰りが遅い時もあります。実習先での資料作成などが立て込んだ時は徹夜で資料作成を行ってから出社したり，実習のプレゼン前日は午後休暇をもらい，仕事を終えたあと，学校に直行して提案資料の印刷や，プレゼンの練習を行ったりもしました。今思えば平日に休暇をいただき学校に通うことができたのも，資格取得に理解のある会社だったおかげです。資格取得に理解のある方々が周りにいたことに，大変感謝しております。

また，学費を支払うために月8万円貯金していましたが，手取りの少ない新人社員の私にとって，それはとても大変な出費でした。私は東京に住んでいますが，当時は往復の電車賃600円がもったいなくて千葉にある大学院まで自転車で通学していました（笑）。当時はお金と時間がないことで相当気に病みましたが，その投資以上に得られるものが何倍も大きいことに卒業してから気づきました。

(2) 知らず知らずのうちに提案力が向上

正直，合格した途端に何か変わることは肩書き以外何もないと思いますが，大学院に通い，仲間と一緒に学んでいく中で変わっていったものはたくさんありました。今回はそのうちの2つを，下記に記載します。

1つ目は大学院入学当初と比較して，周りに与える印象が良くなった点です。入学当初は「大学生上がりの子供」という印象を周りに与えていましたが，2年次に上がってからは，周りの先生や同級生から「佐藤くんはこの2年間で見違えるほど変わった」と言われるようになりました。社会人になったからということもありますが，大学院に入らなければ私はここまで成長できなかったと思います。

2つ目は，プレゼン力が上がったことです。「佐藤さんの話が一番おもしろい提案だった」，「わかりやすい提案だった」，「おもしろい提案だったので提案資料が欲しい」など言っていただけるようになりました。そのように言っていただけることは，経営コンサルタントを夢見ている私にとってはとても嬉しい変化でした。会社でも，提案書の内容について褒められるようになりました。実習で本番さながらの提案をしていくうちに，提案力が向上していたのだと思います。

3 試験勉強をしている方々，この資格を勉強してみようか悩んでいる方へのメッセージ

　この資格を取るのに才能は関係ありません。前述しましたが，私は試験直前の模擬試験でD判定。とうてい全科目合格する見込みはありませんでした。ここだけの話，私は偏差値が都立で最低ランクの高校に通っていました。大学の成績も良くなかったです。でもなぜそんな私が1次試験に全科目一発合格できたのか。それは夢を叶えるために本気だったからです。

　どんなことでも本気になれば誰でもできると私は思います。この資格の勉強を続けるか悩んでいる方，今後取るか悩んでいる方は，「できるかできないか」を考えるのではなく「やりたいのかやりたくないのか」を考えてください。良い結果が出るのか出ないのか，資格を取ることに意味があるのかないのかは自分で確かめてみないとわからないです。やってみるかどうか悩んだら，まずはやってみてください！

　今から勉強を始めることが遅いということもありません。やらなくて後悔したことは「あの時やっておけばよかったかな」と数年後も同じことで後悔するものだと私は思います。たとえば今自分の周りに憧れの診断士がいたとして，「自分もあの時勉強しておけばよかった」と思うなら，今から始めればいいのです。資格取得の勉強に3年かかるとしても，今から勉強を始めれば3年後には同じ診断士としてその人と肩を並べることができます。今やらなかったらきっと3年後も同じことで後悔すると思います。勉強する時間がないと思うなら教材の購入や，専門学校に入ってしまえばその時間は無理にでも作れます。

　また，私は診断士の資格を取るなら2次試験から進学して取得することをおすすめします。その理由としては2つあります。1つ目は座学で学んだ内容をすぐに実習で活かすことができるため，実践的な知識を身につけることができるからです。実習を行うと感じますが，教科書で学んだ内容がすべて実習で活かせるとは限りません。実践的で使える知識を，効率よく学ぶことができます。また，実践でしか経験できない応用力を身につけることができます。本番では，2次試験の事例問題のように問題文の中にヒントがすべてあるわけではありま

せん。決められた時間の中でお客さまの本当の課題を聞き出して提案する必要があります。これは筆記では学べない経験ですし，診断士として生きていくためには必要な能力だと思います。

　2つ目は，一緒に学んだ仲間と強いつながりができることです。これが大学院で診断士を学ぶ一番大きなメリットだと思います。診断士の強みは横のつながりです。ともに実習で課題解決を行ってきたメンバーのつながりはとても強くなります。卒業後も同級生や養成コースの先輩・後輩とは飲み会や情報交換などコミュニケーションを常にとっています。お互いにわからないことを教え合ったり，仕事の話をしてもらったりしています。診断士として独立する人にとって，このようなつながりができることはとても強みになると思います。私にとって，進学中にできたつながりや仲間が最も大きな財産になりました。

　試験勉強中はたくさん悩みましたが，今はこの資格の勉強をやっていて本当に良かったと思います。なぜなら診断士の勉強をやっていたおかげで仕事の選択肢やプライベートの関係が広がり，人生の豊かさが大きく変わったからです。私の合格体験記が，皆さんの励みになれば幸甚です。皆さんとどこかの診断士協会でお会いできることを大変楽しみにしております。

千載一遇の縁を大切にして
一隅を照らせる診断士に

山岸　夏樹

（プロフィールは巻末参照）

1　ヤマギシ的合格までの軌跡

(1)　受験のきっかけ

　企業法務の世界で約15年過ごし，「経営の痒い所に手が届く，引き出しの多い法務屋」として活躍したい思いが強く芽生えていました。また，近い将来子会社への出向がありそうだったので，中小企業の経営知識を幅広く身につけておきたいと思ったことが，私が中小企業診断士（以下，診断士）試験に挑戦した理由です。

　限られた紙幅ではありますが，私の後悔を含めた体験記から診断士試験に挑戦される方に少しでもヒントをお示しできれば幸いです。

(2)　2年4か月の戦いのゴング

　2019年9月28日。消費増税前の駆け込みでTACの本科生講座を申し込みました。当初は通学受講でしたが新型コロナウイルス感染症の影響で通学が難しくなり，途中から動画視聴での受講を余儀なくされました。ただ，TACは教室受講生でも「Webフォロー」という講義動画を何度でも視聴できる制度があるため，既習科目でも通勤時間や昼休みに動画を倍速視聴しながら知識の定着を図りました。

(3)　まずは基礎固めから

　TACには「トレーニング」という基礎問題集があり（市販の『スピード問

題集（スピ問）』と似たものです），勉強初期はこれに絞りました。取り組み方としては，問題を「解く」のではなく，誤りの選択肢を「修正」して「読む」という作業です。当時の講師に「誤った選択肢に触れ続けると，かえって間違った知識をインプットしてしまうリスクがあるので非効率」と言われたことが腑に落ち

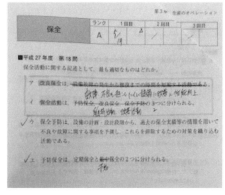

たため，右の写真のように選択肢の間違った箇所を線で消し，その下に正解の言葉を書き込み，スキマ時間にこれを読みながら各選択肢の根拠を確認していくことを続けました。「問題集や過去問はインプットの材料」と完全に割り切ったのです。

到達レベルとして目指していたのは，何も知らない素人相手に全選択肢を解説できるようになることでした。「自分の言葉で言語化することなんて面倒この上ない！」と思われるかもしれませんが，単に覚えるだけの勉強とは違って抽象と具体の両方を意識するため，最終的に理解の度合いが違いました。

その一方で，1次試験の勉強を進めていく中ではどうしても今習っている科目の予習・復習に集中しがちになるため，既習科目の復習を同時並行的に続けることが難しく，定着レベルを維持していくことには本当に苦労しました。

(4)　遅すぎた感のある過去問着手

過去問題集に本格的に取り組み始めたのは3月からでした。それまでは前述の基礎問題の定着に時間をかけていたわけですが，今思えばもう少し早く過去問題集に着手しておけばよかったと後悔しています。本試験での問われ方やトリッキーな言い回し，リアルな難度など，過去問からしか得られない肌感覚は多くありますので，ある程度基礎レベルをクリアできたら，できるだけ早い時期から過去問題集に取り組まれることをおすすめします。

使用した書籍は『中小企業診断士　最速合格のための第1次試験過去問題集』（TAC中小企業診断士講座編著，TAC出版）と『中小企業診断士試験　過去

問完全マスター』（過去問完全マスター製作委員会編，同友館）です。前者については A ランク（80％以上の受験生が正解），B ランク（同60％以上80％未満），C ランク（同40％以上60％未満）の問題を完璧にすることに注力し，余裕がある場合にだけ D ランク（同20％以上40％未満）の問題に取り組みました。E ランク（同20％未満）の問題は一切手を付けていません。理由は正答率の高い設問で取りこぼさないことを徹底するためです。

　書籍の使い分けとしては TAC の過去問題集を中心に行い，特に苦手な分野についてはテーマごとの編集になっている『過去問完全マスター』をヨコ解きして集中的に強化するという使い分けをしていました。

⑸　失意そして失意…の答練

　TAC には科目の終了ごとに行われる「養成答練」という A，B ランクの問題を中心に構成されたものがあります。私は毎回この養成答練で80点以上取ることをノルマにしていました。講師からは「まずは60点を」と言われることもあるようですが，後述するようにこの A，B ランクの問題を本番で取りこぼすことは致命傷になりますので，80点という水準は強く意識して臨んでいました。

　この養成答練では概ね80点以上取れており調整の順調さを感じていました。しかし，春先からの完成答練や公開模試でその調子に乗った心をこれでもかというほどへし折られました。完成答練からは難易度が本試験レベルにまで一気に上がり，難問も混じってきます。特に忘却の彼方になった既習科目の点数が思うように伸びず，「本当にこれで間に合うのか？」と愕然とした時期でした。

　今となっては笑い話ですが，本番までに一度も合格ラインである420点をクリアすることはできませんでした。ただ，こんな人間でも最後の追い込み次第で1次試験は突破できるということを覚えておいてくださいね。

⑹　炸裂したロケットスタート

　結局一度も合格ラインを上回ることのないまま受験した2020年の1次試験。蓋を開ければ全科目60点以上を獲得した完勝でした。経済学・経済政策と財務・会計で80点超という奇跡的なロケットスタートが決まり，企業経営理論と運営管理でそれぞれ60点以上確保できていたことを初日の夜に自己採点で確認して

いたので，最大の得点源である経営法務が控える2日目は精神的に余裕を持って受験することができました。改めて振り返ると，初日の1科目目の経済学・経済政策が終わったときに「いけた！」と確信できたことが，その後の勢いにつながったように思います。そういう意味では，経済学・経済政策を得意科目にしておくことはメンタル面の戦略において有効かもしれません。

⑺　1次試験の戦略

　なんといっても1次試験は範囲の広さが一番のクセ者です。すべての領域に網羅的に取り組むことは現実的に不可能ですし，試験戦略上コスパのいい対応ではありません。私の感覚では，1次試験の構成比はA～Cランクで60％前後，D，Eランクで40％程度だと思います。つまり，取るべき問題で確実に取り切っておかないと難問で点を稼がないといけなくなり，60点確保に向けたスコアメイクが一気に難しくなってしまうのです。ザックリとした得点プランとしてはA～Cランクで8割の48点，D，Eランクで3割の12点で晴れて60点に到達！という感じでしょうか。

　また，私にとっての経営法務のように仕事等で専門領域があればどうしてもその科目を得点源にしようとつい深追いしがちになりますが，得意科目で80点を目指す伸びしろの少ない勉強より，苦手な科目で60点を目指す学習をおすすめします。「不得意科目は40点でいいや」と高を括っていると，難易度が上がったときに一発で足切りを食らうリスクが高まってしまうため要注意です。

2　2次試験の合格に向けて

⑴　1年目のしくじり

　2次試験の勉強法に入る前に，1年目のしくじり経験からお話しましょう。

　自己採点で1次試験の合格を確信してから，ようやく直近の『ふぞろいな合格答案』，『ふぞろいな合格答案10年データブック』，『事例Ⅳの全知識＆全ノウハウ』（いずれも同友館）を購入。1年目は「まずは1次試験を突破しないと始まらない！」と思っていたため，1次試験が終わるまでは2次対策はまった

くといっていいほど手を付けていませんでした。

　2次試験は「与件文と設問文を根拠として1次知識を適用させていく」ことが解答の王道ですが，この鉄則に対するこだわりが完全に欠如していました。そのため，再現性のあるメソッドを確立させることなく，『ふぞろい』等でよく見るフレーズを組み合わせて，場当たり的に「それっぽい答え」を書くレベルで終わっていました。おまけに記述式の現代文試験が得意だったことが「最大の強み」だと過信。今思えば完全に2次試験をナメていました。

　野村克也監督ならきっと「負けに不思議の負けなし」と言うはずです。結果BBBBというなんとも特徴のない成績で轟沈。1年目の挑戦は幕を閉じました。

(2)　逆襲の2年目

　失意冷めやらぬ中，捲土重来を期して2年目に通った予備校は「KEC ビジネススクール中小企業診断士講座」（以下，KEC）でした。2次試験の学習は自己流で凝り固まった思考の枠をどれだけ広げられるかがカギになります。体験講座を受講して，受講生同士のディスカッションや講師との距離感の近さなど，自分の考え方をアウトプットしつつ第三者の目を借りて擦り合わせることを実践できる環境があることを体感できたのが，KEC を選択した理由です。

(3)　2次でも1次知識はバカにできない！

　1年目の反省から，頻出論点から連想できる切り口や1次知識をしっかり定

6. 与件文におけるコアコンピタンスの判断基準を挙げなさい。　　　6. 与件文におけるコアコンピタンスの判断基準を挙げなさい。

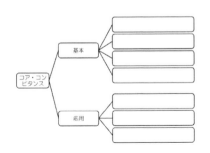
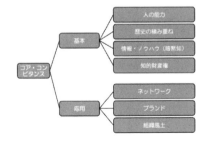

（出所）KEC の「ロジックツリー」より抜粋

着させることに重点を置きました。KEC には事例Ⅰ～Ⅲの頻出論点ごとに必要な1次知識や切り口が連鎖的に記されている「ロジックツリー」という教材がありましたので，試験直前まで通勤中やスキマ時間を100パターンほどあるロジックツリーの暗記に費やしました。知識のストックを多く用意し，それを高い瞬発力で引っ張り出せるよう準備したことは，悠長に時間をかけられない2次試験において大きな武器になりました。

⑷ 過去問はじーっくり味わうもの

KEC のカリキュラムでは，事例Ⅰ～Ⅳの過去10年分程度の過去問に濃密に触れることとなりました。過去問には予備校の新作問題とは違った奥深さがあり，じっくり向き合うほど新たな発見が得られることに気づかされます。授業では，設問1つひとつに対して，①設問のレイヤーは「分析問題」か「戦略問題（経営層レベル）」か「戦術問題（現場レベル）」か，②与件文のどの部分を根拠としたのか，③どのような1次知識を用いるのか，④設問文に対して正面から答えられているかなどを，受講生とのディスカッションや講師への質問を通じて丁寧に吟味しました。事例Ⅰ～Ⅲの勉強は演習量をこなすのではなく，解いた後の振り返りにどれだけ時間をかけるかが重要です。

ディスカッションを通じて得た気付き，講師からの助言については，新出問題でも活用できるよう Excel で作った「気付きリスト」にどんどん入力していきました。最終的にこのリストがファイナルペーパーとして大活躍しました。

気付きリスト

1	全事例	一般論になりすぎない。与件文を引用しながら寄り添え！！！！ ➡与件文の内容を「因」として助言を「果」として記載する
2	全事例	設問間関係を意識する（矛盾を起こしていないか？）。
3	全事例	事例ⅠとⅡでは第1段落の「製品・サービス」にB2BかB2Cかを明記する。今後B2B⇔B2Cの転換がないかチェック（転換し新市場開拓戦略が採れないかも意識する） ※事業に対する考え方，組織文化，販売戦略，購買行動，プロモーションが変わってくる。
4	全事例	成長➡提携先はないか？ 異業種との協業➡「ノウハウ」の獲得 施策は「相互利用●●」

5	全事例	設問に「…して欲しいと考えている」「…したい」「…するために」とあれば，その効果として何を求めるのかを考える。
6	全事例	「（一見厳しい環境）ながらも成長した」というときは，その環境が強みの維持強化につながった可能性を想定。
7	全事例	効果は設問文のコピペではなく「設問文に書かれている思いや目的に刺さる効果」を記述する。
8	全事例	「課題」問題のときは，すでに取り組んでいることを課題にはしない。
9	全事例	「あえて・・・しない系」では「強みの活用ができないこと」「その時点の経営課題（強化ポイント）にフィットしていないこと」を忘れず書く。
10	全事例	事例Ⅰ，事例Ⅱで「新規事業のドメイン（事業領域）」や「経営戦略」の問題を考えるときは「だ（ターゲット）な（経営資源）ど（実施内容）こ（効果）＋戦略名」に忠実にして強み（S）も意識。

自作「気付きリスト」の一部

(5)　事例Ⅳミス撲滅キャンペーン

　事例Ⅳは2次試験の事例の中でも練習量に対する効果が比較的出やすいため，どんなに疲れた日でも毎日欠かさず計算練習を行いました。2020年の事例Ⅳで地獄を見た経験から，難しい問題への耐性を付けるべく，1月から3月にかけては『意思決定会計講義ノート』（通称「イケカコ」）（大塚宗春著，税務経理協会）に取り組みました。このイケカコ，全章やると間違いなく心が折れますので，頻出のCVP（Lecture 2，3），業務的意思決定会計（Lecture 6），戦略的意思決定会計（Lecture 8，9，10）の部分だけを重点的に取り組みました。イケカコをやった後は，『事例Ⅳの全知識＆全ノウハウ』とTACのオプション講座「2次事例Ⅳ特訓」を中心にした演習に切り替えました。

　事例Ⅳの演習で意識したことは，制限時間のプレッシャーをかけながら，最後までミスなく解き切ることにこだわることです。特に事例Ⅳは疲労困憊の中で最後に対峙する事例ですので，普段しないはずの電卓のミス打ちや計算ミスが当然起きやすくなります。そのような状況を普段から想定し，①制限時間を設けること，②計算を必ず2回行うこと，③数値の取り違いをしないよう数値を指差し，軽く呟いて確認しながら丁寧に行うことをルール化していました。

(6) 模試で「非日常」を「日常」に

コロナ禍で会場受験はできませんでしたが，模試は可能な限り受験しました。判定に信憑性が乏しいことを理由とした「2次模試受験不要論」もよく耳にしますが，判定よりも1日のマネジメントを何度も体感できることにこそ模試を受ける意義があります。試験当日と同じスケジュールに沿って模試を受けることを繰り返す中で，全事例を通じて最後まで普段どおりメソッドをきっちりこなせているか，休憩時間に何をお腹に入れ，何の教材を見直すかなどの試行錯誤を重ね，本試験の過酷な1日を「日常化」することに努めました。

直前期にはTAC，大原，MMCの模試を受験していずれもA判定でしたが，プロセス面を重視していたので，判定についてはあまり過剰に意識しませんでした。むしろA判定が続いたので，妙に怖くなったくらいです（笑）。

(7) 2次試験の戦略

2次試験の当日は，焦りとプレッシャーから汗でマスクの下がスチーム状態になるほどの緊張感で，事例Ⅳを解き終えたときはしばらく自席から立ち上がれないほどでした。そのようなプレッシャーのかかる極限状態で80分を有効に生かすために，ムリ・ムラ・ムダのない手順を確立させておくことが大切です。具体的には，①80分間の組立て（対応する順序とタイムスケジュール），②カラーペンの活用方法，③与件文への書き込みや欄外へのメモのルールなどが挙げられます。写真は私が与件文の色分けに使っていたフリクションカラーズとシャープペン「クルトガ」です。この「クルトガ」，先が丸くならずストレスなく解答を書きやすいのでおすすめです。

普段の勉強においては「練習のための練習」ではなく，常に本番のピリピリした状況を想定して自分を追い込みながら（ここはドMになりましょう），効率的な対応手順を早く見つけて，本番までに体に染み込ませてください。細かいことかもしれませんが，熟練の寿司職人が同じシャリの粒数を感覚で掴めて

いるかの如く，これくらい書いたら100字になるという感覚は身につけておい
たほうがいいかもしれません。

3　合格してからの半年間

「黙らずとにかく何か喋る」ことを貫いた口述試験を経て無事に合格。2 年
4 か月にわたる挑戦が終わりました。

3 月に参加した実務補習を終えたときに，「せっかく苦労して取った資格。
診断士の実務には何らかの形で触れ続けていたい」という思いが高まったため，
副業を全面的に容認している Web アプリ開発会社に法務担当として転職しま
した。

合格後は，とにかくいろいろな方に積極的
にお会いして顔と名前を覚えていただくこと
に注力し，勤務先の名刺とは別にプロフィー
ルを記した個人の名刺も勢いで作りました。
その甲斐もあり，実務補習時の指導員やメン
バー，大阪府中小企業診断協会の研究会のメ
ンバーや KEC の OB で診断士として活躍さ
れている先輩方などとのご縁が一気に広がっ
ていきました。先輩方からは診断士の仕事は
人とのつながりが何よりも大切になることを
教えていただきましたので，1 つひと
つのご縁を千載一遇の機会と捉えて大
切にし，当座は企業内診断士として副
業にも挑戦しながら自分が関与できる
フィールドを模索していきたいと考え
ています。

また，合格したことで，『30日でマ
スターできる　中小企業診断士第 2 次試験　解き方の黄金手順〈2022-2023年
受験用〉』（黄金手順執筆チーム編著，中央経済社）の執筆に参画させていた

だくことができ（そのご縁がきっかけとなり本書の執筆にも携わっています），お世話になった KEC からは 2 次演習の添削指導のオファーをいただくことができました。

　浄土真宗の私ではありますが，天台宗の開祖である最澄の「一隅を照らす，これすなわち国宝なり」という言葉が昔から好きです。私にできることはほんの小さいことかもしれませんが，その小さい灯が少しでも周囲を照らしていけるような診断士を目指したいと思っています。

4　合格に向けて奮闘されている皆さんへ

　2022年1月14日。合格している自信がほとんどない中（実際，養成課程の出願準備もしていました）で受験番号を見つけたときの身体の震えと湧き上がる涙，そしてお世話になった人に声を震わせながら電話でお礼を伝えたときの気持ちの昂り（たかぶ）はこれまでに味わったことのない感覚でしたし，一生忘れ得ない体験でした。このような経験を，本書を手に取られた方にも味わっていただきたいと思い，ここまで筆を進めてきました。

　診断士という資格は，足の裏についた米粒のように気になりだすと取りたくて仕方ないが，取ったところで食えないという意味で「足の裏の米粒」と揶揄（やゆ）されることがあります。独占業務がないため他の士業との比較からこのようにいわれるのかもしれません。

　ただ，幅広い分野を体系的に勉強したことで，間違いなく視座の高まりを実感できますし，合格後は急速に交友範囲が広がります。大切なのは診断士という肩書を得ることではなく，<u>合格後に得られる新しい視野やネットワークとご自身の強みとを掛け算して「新しい価値」を生み出そうとするプロセスを心の底から楽しめるかではないでしょうか</u>。これまで培ってきたご自身の知見・スキル・経験と中小企業診断士という資格がどのように “化学反応” し，どんな新しい世界を切り拓けるだろう…。そのようなことを勉強の合間に少し肩の力を抜きながら空想してみるのもいいかもしれませんね。

合格までの長い道のり

石田　直久

（プロフィールは巻末参照）

1　合格までを振り返って

⑴　自己紹介

　2021年に中小企業診断士（以下，診断士）２次試験に合格しました。2007年に資格取得を志してから気づいたら15年が経っていました。宅地建物取引士，ファイナンシャル・プランナー（CFP，FP技能士１級）の資格を有し，ファイナンシャル・プランナーのスタディグループ「SGFP ビジネス研究会＠東京」を運営しています。趣味は旅行で，これまでに55か国訪問，過去に上海，香港，蘇州，ジャカルタに駐在してきました。上海駐在時に一橋大学 OB 会（如水会）上海支部の幹事を経験しています。海外経験と中国語を活かし，中小企業の経営診断・海外進出支援・インバウンド事業支援を軸に活動を予定しています。

　LinkedIn　https://www.linkedin.com/in/NaohisaIshida

⑵　全体を通して

　診断士の資格を目指してから15年間の長い道のりを振り返ります。

　2007年，香港駐在中に診断士の資格を知った私は，最初の１次試験に臨みます。市販の参考書を読み込んで，有給休暇をとって帰国・受験しましたが，結果は科目合格。

　2008年，２度目の１次試験への挑戦です。結果は追加で科目合格に止まりました。

　2009年，３度目の１次試験で何とか合格。１度目の２次試験は，BDBD の総合 C 判定でした。この年も香港に駐在していましたので，２度帰国するの

が大変でした。

2010年，中国の蘇州駐在中に，2度目の2次試験。結果はABBBの総合B判定と善戦。

この時期から，蘇州の支店経営，上海転勤と本店経営，上海での国際結婚，母校OB会の上海支部運営と，身辺が慌ただしくなり受験は一旦中止。

2016年，東京に帰任したこともあり，受験再開。1次試験は財務・会計のみ合格。

2017年，1次試験。経営法務，経営情報システムに合格。

2018年，インドネシアのジャカルタに転勤しましたが，有給休暇をとって，1次試験合格。3度目の2次試験は，BBBBの総合B判定と善戦。ジャカルタから東京への移動に一苦労。余談ですが，ジャカルタでの経営もいろいろと勉強になりました。

2019年，4度目の2次試験は，ADABの総合B判定。この年は事例Ⅱで躓きました。

2020年，東京に帰任していたこともあり，気力を振り絞り1次試験からやり直します。この年の1次試験はストレート合格。1次知識の蓄積がようやくできてきたことを実感します。5度目の2次試験は，CAABの総合B判定。この年は事例Ⅰがネックでした。

2021年，6度目の2次試験。さすがに今回ダメなら諦めようと，背水の陣で臨みました。この年の受験が今までと違ったのは，8月末に書店で『30日でマスターできる　中小企業診断士第2次試験　解き方の黄金手順』（黄金手順執筆チーム編著，中央経済社）と巡り合い，9月からオンラインで「黄金会」（『黄金手順』読者の2次試験対策勉強会）に参加したことです。「黄金手順」の習得に努め，解答に色ペンを使ったのも，この時が初めてでした。「黄金手順」を身につけて挑んだ結果は，AAABの総合A判定で，ついに合格。診断士試験との戦いがようやく終わりました。

(3)　1次試験対策

7科目にわたる1次試験はとにかく学ぶべき範囲が広く，効率的な学習が必要になります。私は受験を開始した当初は，得意といえる科目が1つもなく，

どの科目のテキストを見ても覚えることばかりでした。教材は基本的に，テキスト＋過去問＋参考書籍（科目により）という組み合わせです。

　2007年～2009年の香港駐在時は，週末，ハッピーバレーの住まいの近所のパシフィックコーヒーがメインの勉強場所でした。当時は，TACと同友館の1次試験のテキストと過去問を頼りに完全な独学でした。近くの競馬場にランニングコースがあったので，そこでジョギングするのが息抜きでした。ジョギング帰りに立ち寄った住まいの真下の酒販店で，俳優のレオン・ライ（黎明）と遭遇したのが良い思い出です。香港では7年半を過ごし，当地の永住権も取得，第二の故郷になりました。

香港の夜景（友人撮影・左）と香港での筆者壮行会

　2010年，蘇州に転勤。未合格の身ながら，発足したばかりの上海中小企業診断士の会に参加させていただきました。会の発起人の小林さんには，TACのテキスト一式を長年貸与いただき，大変お世話になりました。会の参加者は診断士の方ばかりでしたので，勉強を続けるモチベーションの維持に役立ち，会自体も有意義で，さまざまな業種の方々の中国での成功体験，苦労話を聞ける良い機会でありました。

　2012年から上海に転勤したことで身辺が慌ただしく，受験そのものはしばらく中止しました。ただ，TACや同友館のテキストを参考に，毎年の1次試験を解いてみるなど，知識が抜け落ちないよう気をつけていました。上海では勤務先の現地法人社長（総経理）をしていましたが，発展著しい中国で，人事・マーケティング・商品開発・販売・予算管理など全般的に経営に携わり，2次

試験の事例を日々の業務のPDCAサイクルをまわしながら実践しているような，大変良い経験をさせてもらいました。この時期は，上海での国際結婚，大学OB会上海支部の運営などもあり，診断士試験の勉強自体は休止状態でしたが，人生の「勉強」はかなりできたのではないかと，今振り返ってみて改めて思います。

上海での筆者結婚式（左）と一橋大学OB会（如水会）上海支部懇親会

2016年以降，東京帰任後はテキストも入手しやすくなりましたので，以下のテキスト，過去問題集を使っていました。
- 『出る順中小企業診断士FOCUSテキスト』（LEC東京リーガルマインド編著・刊）
- 『中小企業診断士　最速合格のためのスピードテキスト』（TAC中小企業診断士講座編著，TAC出版）
- 『中小企業診断士　最速合格のための要点整理ポケットブック　第1次試験1日目・2日目』（TAC中小企業診断士講座編著，TAC出版）
- 『中小企業診断士試験1次試験過去問題集』（同友館編集部編，同友館）

他に参考書籍として，得点が安定せず苦手意識の強かった経済学・経済政策用に，
- 『速習！ミクロ経済学』『速習！マクロ経済学』『速習！経済学基礎力トレーニング　マクロ＆ミクロ』（いずれも，石川秀樹著，中央経済社）

同じく毎回得点がバラつく経営法務用に，
- 『ビジュアル　株式会社の基本』（柴田和史著，日本経済新聞出版）

企業経営理論用に，

- 『経営戦略―論理性・創造性・社会性の追求―』（大滝精一・金井一頼・山田英夫・岩田智著，有斐閣）
- 『マーケティング戦略』（和田充夫・恩蔵直人・三浦俊彦著，有斐閣）

などを用いていました。

⑷　2 次試験対策

2018年，インドネシアのジャカルタに転勤しました。住まいのエリアのモスクから早朝に大音量で鳴り響くアザーン（1 日に 5 回，イスラム教の信徒に対して礼拝の時刻を告げる呼び声）をアラーム代わりに，この頃は朝型で勉強するスタイルになりました。1 次試験を通過する確率も高くなってきたので，2 次試験対策に力を入れます。使っていたテキスト，問題集は以下になります。

- 『中小企業診断士　最短合格のための集中特訓診断士第 2 次試験』（TAC 中小企業診断士講座編，TAC 出版）
- 『中小企業診断士 2 次試験　30 日完成！ 事例Ⅳ合格点突破 計算問題集』（杉山淳・宗像令夫・石田美帆著，同友館）
- 『中小企業診断士試験 2 次試験過去問題集』（同友館編集部編，同友館）

また一時期，AAS の通信講座を利用していた関係で，以下の問題集も参考にしていました。2 次試験に特化している AAS の丁寧な添削指導は，海外在住の受験生にとっては大変心強いです。

- 『中小企業診断士試験問題集　2 次の知識はこれ 1 冊！』（杉本茂樹・鷺山はるこ監修，元岡征志・小西英一・小楠貴宏・時田和之著，AAS 名古屋）

他に参考書籍として，事例Ⅰ対策用に，

- 『経営をしっかり理解する』（岩崎尚人・神田良著，日本能率協会マネジメントセンター）

事例Ⅱ用に，

- 『小が大を超えるマーケティングの法則』（岩崎邦彦著，日本経済新聞出版社）

事例Ⅳ用に，

- 『意思決定会計講義ノート』（大塚宗春著，税務経理協会）

- 『財務・会計のレシピ』(山口文紀著，日本能率協会マネジメントセンター)
- 『中小企業の財務分析―経営・原価指標の分析・活用―』(宇田川荘二著，同友館)

などは読みました。

2次試験対策のおすすめ書籍は，

- 『ふぞろいな合格答案10年データブック』(ふぞろいな合格答案プロジェクトチーム著，同友館)
- 『30日でマスターできる 中小企業診断士第2次試験 解き方の黄金手順』(黄金手順執筆チーム編著，中央経済社)

です。

『ふぞろい』は，制限時間のある本番試験において，得点が入るポイントを認識しながら合格答案を作ることを目標としていて，参考になりました。

『黄金手順』は，2021年の合格年に出会った本ですが，これまで努力して組み上げてきたジグソーパズルの最後に欠けていたピースが見つかったような，まさに合格へのパスポートとなってくれた1冊でした。

長きにわたる受験を決着させてくれた『黄金手順』の良いところを挙げてみます。

① 色ペンの活用で，設問と対応する与件文が一目でわかるように整理できる。

② 設問に対応する与件文とメモを組み立てることで，解答作成が効率化できる。

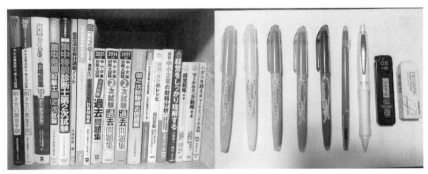

テキスト・問題集の数々（左）と2021年2次試験当日に使用した筆記具一式

③　決まった手順があるという安心感が，試験本番での緊張感を和らげてくれる。

④　受験後の振り返りと再現答案作成が容易に行える。

　私は予備校の参考書や通信授業を頼りに長年受験してきましたが，結局『黄金手順』で学んだ 2 か月が合格に導いてくれたともいえます。『黄金手順』は 2 次試験対策本として特におすすめします。

2　そして合格後

(1)　合格から今に至るまで

　2021 年 2 次試験の勉強で活用した『黄金手順』ですが，ご縁があって「2022－2023 年受験用」の執筆メンバーに加えていただきました。また，そこからのつながりで本稿執筆の機会をいただきありがたい限りです。2022 年夏の実務補習は申込み前に定員に達してしまいましたが，実務従事によって 2022 年 10 月に診断士登録することができました。

(2)　今後の活動について

　診断士としては，海外経験と中国語を活かして，中小企業の経営診断・海外進出支援・インバウンド事業支援を軸に活動を考えています。大学卒業後，海外で過ごした時間が長かったのですが，大学卒業後 1 年間の海外旅行中も，留学先の西安でも，駐在先の上海，香港，蘇州，ジャカルタでも，これまで訪れた世界の国々でも，現地の人々にはだいぶ助けられてきました。また，海外進出された中小企業の皆さまからは，現地の文化や風習の違いからお困りごとの相談をいただくことも多くありました。日本に来られる海外の方々とインバウンドに携わる中小企業の皆さまのサポート，また，海外進出されている，またはこれから進出を検討されている中小企業の皆さまのお困りごとの解決を目指していきたいです。

　同時に，宅地建物取引士，ファイナンシャル・プランナーとしても資格の活用を進めつつ，他士業の皆さまとの連携も図りながら人と人とのつながりを広

げ，社会貢献していければと思います。

3 おわりに

　私は長年，診断士試験を受け続けてきましたが，振り返って思うのは，諦めなければ必ず受かる試験であるということです。一時期，受験を中断した時期もありましたが，それまでの勉強で培った知識は着実に蓄積されていますし，中断期間も充電期間と割り切って，自身のタイミングで受験を再開することができました。今はコロナ禍でもありますし，読者の皆さまもさまざまな状況で勉強が進まないことや，ブランクが生じることもあるかもしれません。そのような時でも所期の目標を忘れずに，合格を勝ち取られることを切にお祈りしています。

　今後，診断士として活動していくうえで，海外でご苦労されている現地法人の経営に携わっている方々，海外現地で一緒に働いた同僚，余暇を共に過ごした友人たちとの出会いは貴重な財産になっています。これまで関わっていただいた方々にあらためて御礼申しますとともに，長年の受験を支えてくれた家族に感謝の言葉を贈り，筆を擱かせていただきます。

インドネシア・バリ島（左），マレーシア・クアラルンプールにて

敵を知らず己を知らず：合格まで9年かかった多年度生の「失敗の本質」

青木　恒

（プロフィールは巻末参照）

1　9年連続で挑戦できたことに感謝

下表は，私の受験実績です。

		1年目	2年目	3年目	4年目	5年目	6年目	7年目	8年目	9年目
		2013 平成25	2014 平成26	2015 平成27	2016 平成28	2017 平成29	2018 平成30	2019 令和元	2020 令和2	2021 令和3
	1次受験科目数	3科目	5科目	2科目	3科目	7科目	―	再受験	保険受験	―
1次試験	経済学・経済政策	―	○	免除	免除	○		○	○	
	財務・会計	―	×	○	免除	○		○	○	
	企業経営理論	―	○	免除	免除	○		○	○	
	運営管理	―	○	免除	免除	○		○	×	
	経営法務	×	×	×	×	×		○	○	
	経営情報システム	○	免除	免除	×	○		○	○	
	中小企業経営・政策	○	免除	免除	○	○		×	○	
	合計（自己採点結果）	―	×	×	×	○(427)		○(477)	○(466)	
2次試験	事例I					D(22)	C(42)	B(55)	A(63)	C(43)
	事例II					B(52)	A(64)	A(67)	D(34)	A(62)
	事例III					A(72)	C(44)	A(62)	C(44)	B(57)
	事例IV					B(53)	B(58)	B(53)	C(47)	A(82)
	合計	―	―	―	―	C(199)	B(208)	B(237)	C(188)	A(244)

　2013（平成25）年に，1次試験2日目の「暗記3科目」を初めて受験してから合格するまで9年かかり，2次試験を5回受けた52歳の「多年度生」です。

　裏返せば，よく9年も続けられたと思います。この間，例えば仕事や病気，

ケガ，親の介護といった，途中で諦めざるを得ない出来事が起こったかもしれません。ずいぶん遠回りし，特に2次試験に落ち続けた4年間は本当につらく苦しかったですが，今は毎年，受験し続けられたことに心から感謝しています。

　2次試験の合格率は毎年約20％で，5人に1人が受かる計算ですが，個人単位で考えれば，5回受験して1回合格できる確率ともいえます。私は5回目に合格できたので，今は「確率どおりの順当な結果」と納得しています。

2　合格体験記への違和感

　毎年，ホームページや参考書，雑誌で「1年の勉強で，1回で合格しました」，「地方，独学でも一発合格しました」，「1次，2次合わせて300時間の勉強で合格できました」という合格者の体験記が掲載されます。

　それはすごい，すばらしいことで羨ましい限りですが，私には，そういう合格体験記を読むたびに，いつも違和感，疑問がありました。その合格者の属性，つまり学歴や職歴，家庭環境などがわからず，自分と比較できないからです。

　最近は個人情報にうるさく，また過剰なまでに差別を否定する，極端な「悪平等」がまかり通るため，学歴や職歴を話すのに遠慮や抵抗があるご時世です。

　頭のいい人は，決して自分から「自分は頭がいい」とはいいません。しかし，同じ勉強時間でも，東京大学や京都大学といった超難関大学出身者と，そうでない人では，知識量や理解度は正直，違うはずです。例えば，私が実務補習などで知り合った合格者には，以下のような「ハイスペックな人」がいました。

- 東京大学工学部に現役合格，社会保険労務士も1回で合格，1次試験で580点を取って2次試験も一発合格したAさん
- 京都大学経済学部卒，電力会社の経理畑一筋で，一発合格したBさん
- 北海道大学でDX（デジタルトランスフォーメーション）を研究し，1次試験で530点取り，2次試験も一発合格したCさん
- 日商簿記，建設業経理士，FP技能検定すべて1級と宅地建物取引士を持ち，2次試験2回目で合格した中小企業の経理部長のDさん
- 立命館大学法学部に現役合格し，一発合格したレスキュー隊員のEさん
- 弘前大学数学科卒で一発合格したシステムエンジニアのFさん

- 日本大学航空宇宙工学科卒でJAXA（宇宙航空研究開発機構）を目指したこともある，2次試験全科目70点超えで一発合格した，40歳のシステムエンジニアのGさん

私は合格して初めて「1回，2回で合格して当たり前」と思える「ハイスペック」，「化け物」のような人に出会うとともに，「こんな頭のいい人たちと戦ってきたのか。自分が2次試験に受かるのに5年もかかるはずだ」と合点しました。

そのような「ハイスペックな人」，もともと頭がいい人の勉強法が，1次約2万人，2次約1万人の受験者の大多数に使えるとは，とても思えません。特に2次試験は，ふつうの社会人が，1次試験終了後，仕事をしながら，3か月弱の勉強期間で合格するのは至難の業です。

司法試験や公認会計士の合格者の出身大学は，マスコミなどから知ることができますが，診断士の合格者約1,800人全員を調査したデータはありません。

合格体験談を語る方には，できる範囲で自分の属性（学歴，職歴，家庭環境，性格，保有資格，予備校など）をオープンにし，周りの受験生に「自分はどのタイプに近いのか」参考になる情報を提供してあげてほしいと願うばかりです。

3　隗より始めよ〜私の属性紹介〜

(1)　「落ちこぼれ」の私

私は1年浪人して，1990（平成2）年に学習院大学法学部政治学科に入りました。GMARCH の一角といわれますが，最近はレベルが落ち，仲間に入れてもらえることも少なくなりました。それでも私の入学当時の偏差値は65前後（週刊ダイヤモンド2017年9月16日号）で，正規分布では上位6.7%に入ります。

こう書くと世間的，客観的には「ハイスペック」な類類に入り，自慢げ，嫌みになるかもしれません。しかし，現に私は2次試験に4回落ちており，診断士試験においては「ハイスペック」ではなく，むしろ劣等生，「落ちこぼれ」です。

(2)　何の専門性もない，ただのサラリーマン

大学卒業と同時に青森の原子力関連会社に入社しました。資本金・負債総

額では「大企業」になりますが，極めて特異な業界のため個人消費者に接したことはなく，一般的な「B to B」にも当てはまりません。「顧客」や「市場」，「株主」をほとんど意識せずに30年近くサラリーマン生活を送ってきました。

仕事は経理や法務，また事務系でありながら生産管理に回されるなど，広く浅く経験しましたが，何かに特化した専門性もありません。ふつうのサラリーマン家庭に育ち，文系だったため，数学やITが苦手です。大学受験が終わってから英語を勉強したこともなく，大学でも法律の勉強はしませんでした。

(3) 1次試験の勉強開始時点の保有資格

1次試験の勉強を開始する時点で，私は日商簿記2級，ビジネス実務法務検定2級，ITパスポート，販売士2級を持っていました。

日商簿記2級は20年以上前に取りましたが，「財務・会計」の勉強時間短縮には役立ちました。しかし，ファイナンスの知識はまったくありませんでした。

ビジネス実務法務検定2級，ITパスポート，販売士2級を受けたのは，試験範囲が1次試験に重なる，試験慣れする，また転職できるよう履歴書に書ける資格を増やすためでした。合格したことで「プチ成功体験」にもなりました。

(4) ディベートで鍛えた論理的思考力と文章力

私は，社会人になってから20年以上，毎月1回，ディベートの自主勉強会に参加するため東京に通っていました。ディベートでは，政治・経済・軍事・スポーツなど幅広いテーマを討論します。指導の先生がとても厳しく，そのおかげで「読む・聞く・話す・書く」の力がつくとともに多面的，論理的，また臨機応変に速く考える訓練ができました。本を出版する機会もあり，文章を書くことに抵抗や苦手意識はありませんでした。

4　勉強時間の捻出と勉強法

(1) 月の勉強時間は最大45時間

私の場合，通勤に往復4時間かかり，またコロナ禍前までは残業や出張など

で生活が不規則だったため，夜は安定した勉強時間を確保できませんでした。

　そんな時，山本憲明さんの『朝１時間勉強法』（中経出版）を読んで，朝型に切り替え，毎日５時に起き，出社するまで１時間ほど勉強するようにしました。

　定時退社できた日は，会社帰りに図書館やスターバックス，ドトールに寄って30分くらい勉強しました。しかし平日は，通勤時間の読書を除くと１日に１時間30分ほどしか勉強できず，とても足りません。不足分は週末に補いましたが，それでも月の勉強時間は多くて45時間くらいでした。

　2020（令和２）年からは，コロナでテレワークができるようになり，通勤時間を勉強時間に変えて大幅に増やせたのは，とても助かりました。

(2)　青森で独学，模試も受けず

　私は，２次試験向けの単発講座をいくつか受けたものの，ほぼ独学でした。

　青森には予備校もありませんし，３人の子供の教育費もかかるため，20万円以上する２次試験向け通信講座にお金を出すことはできませんでした。

　また，自分のペースで勉強したかったですし，予備校のカリキュラムに遅れた時のストレスが嫌でした。模試は，１次も２次も受けていません。

 ## 5　１次試験の後悔〜科目合格にこだわって失敗を繰り返す

　2013（平成25）年，42歳で初めて受験した時は，２年かけて１次試験を通過する計画でした。７科目すべてを勉強する時間を確保できなかったからです。

　しかし，科目合格を狙った経営法務では，科目合格率が10％前後と低い時期に重なったとはいえ，１年目から３年連続で落ち，ずっと泣かされ続けました。

　４年目の2016（平成28）年は「今年こそ，経営法務は易化するだろう」と勝手に予想し，残った３科目だけ受験しました。しかし，経営法務の科目合格率は6.3％と一層難化し，希望的観測は見事に打ち砕かれ，撃沈しました。

　さすがに経営法務で４年連続不合格になると，「１次試験は全科目受験して，トータルして420点の合格基準点を超えられる仕組みになっているのだ」と割

り切ることにし，7科目すべてを受験することに決めました。

　2017（平成29）年度に初めて全科目を受験し，経営法務は5年連続で不合格だったものの，総合で420点を超えて，ようやく1次試験を通過できました。

6　1次試験の勉強法

(1)　『スピード問題集』と『過去問完全マスター』を3回転

　1次試験の勉強法は，テキストを読まずに，いきなり問題集を解き始めるアウトプット型でした。まずTACの『中小企業診断士　最速合格のためのスピード問題集』（TAC中小企業診断士講座編著）を3回転し基礎を固めた後，同友館の『中小企業診断士試験 過去問完全マスター』（過去問完全マスター製作委員会編）を3回転しました。できない問題は4回，5回，6回と，できるまで繰り返し，『過去問マスター』の解説がわからないところは，TACの『中小企業診断士　最速合格のための第1次試験過去問題集』（TAC中小企業診断士講座編著）で補強しました。

　『過去問マスター』は，企業経営理論と運営管理を除く5科目は，同友館のホームページからダウンロードできる「ランクC」問題も解きました。

　野網美帆子さんの『中小企業診断士1次試験一発合格まとめシート』（エイチス）は，試験に狙われやすいが，覚えにくい論点を本当によくまとめてあり，特にPDF版は，過去問で間違えた弱点を書き込んで「ファイナルペーパー」として試験直前まで使いました。

(2)　勉強計画〜問題集1日100ページ，1科目1か月が目標〜

　1次試験は，1科目を1か月で終わらせるよう計画しました。そのために問題集は1日100ページ進め，1か月で3回転することを目標にしました。

　企業経営理論，運営管理，中小企業経営・政策の問題集は分厚いため1か月では終わりませんが，他の4科目はページ数が少ないので，7科目全体を7か月で終わらせ，残りの時間は遅れを取り戻す「予備期間」としました。

　しかし1日約1時間30分の勉強時間では，とても100ページは進みません。

初めて解く時は，よくて70ページ，集中できないと30，50ページしか進まない日もあり，休日で遅れを取り戻すようにしました。2回，3回と繰り返し解くうちに自ずとスピードは上がり，1周する時間は短縮されてきます。

　試験前の2週間は，同友館の『中小企業診断士試験1次試験過去問題集』（同友館編集部編）で，直近の過去2年分を，本番を想定して試験時間内に解きました。

(3)　基本・初歩からわかる「入門書」を読む

　TACの『スピードテキスト』は，問題集の解説だけではわからない時の「辞書」として使い，その代わり通勤時間に読んだのが，初心者向けの「入門書」でした。

　ゼロから勉強しなければならなかった経済やファイナンス，リーダーシップ論，生産管理などは，ストーリーの中で背景，理由なども含めて理解できるようにしました。経済学では，茂木喜久雄先生や木暮太一先生，ファイナンスは朝倉智也さんや正田圭さんの本がとても参考になりました。

(4)　経営システムの略語・英単語と運営管理・財務の公式は単語集を作成

　IT略語，英文契約の単語，運営管理や財務の公式は単語帳を作り，外出時に持ち歩いて，電車の待ち時間など5分，10分のスキマ時間に見ていました。

(5)　過去問を回す勉強法の限界〜1次試験の後悔〜

　1次試験は，過去問を何度も繰り返し，ほぼ100％正解できるようになるまで勉強すれば合格できます。

　しかし，力ずくで高速回転し頭に刷り込ませる勉強法は，しょせん「点と点」を追うだけの浅く薄いものでしかなく，2次試験には通用しませんでした。

　今だからいえることですが，企業経営理論や運営管理の2次試験に関わる論点だけでも，TBCの『速修1次テキスト』（山口正浩監修）とYouTubeで講義を受け，2次試験に応用できる知識を学んでおくべきだったと後悔しています。私は性格上，1次と2次の勉強を並行してできなかったため，なおさらそ

う感じています。

　もっとも，2次試験を受ける前は，どこが「2次試験に関わる論点」かも知らず，その必要性に気づいたのは，5回目の2次試験の勉強をしている時でした。

 ## 7　2次試験は「AAS名古屋+EBA+黄金手順+TBC」の合わせ技で合格

(1)　2次試験に4回落ちた原因

　2017（平成29）年，初めて受けた2次試験は「しょせん国語の問題」，「与件文を要約して書けばいいだけ」と完全に舐めていました。結果は惨敗でした。

　翌年は，1次試験のやり直しを避けるため「不退転の決意」で相当勉強しました。AAS名古屋校の鷺山はるこ先生のブログから知った「設問分解講座」と「事例の肝をつかむ要約練習」をスポットで受講しましたが，結局，この年も合格できませんでした。ただ，設問分解と戦略体系図の考え方は，それ以降，問題を解く時の基礎となり，いつも意識して与件文と問題文を読むようにしました。

　また，鷺山先生からは，与件文の事例企業を「愛」をもって読み，「社長の思い」をくみ取ることの大切さを教わりました。実務補習は，インタビューで，いかに「社長の思い」を聞き出せるかが一丁目一番地，肝心要です。鷺山先生の教えが身に沁みました。

　鷺山先生のブログは，診断士になった今でも毎日読んでおり，診断士を目指していた時の気持ちを忘れないようにしています。青森と名古屋で遠く離れ，直接お会いしたことも数回程度ですが，鷺山先生は，私にとって，診断士としての「心の師匠」です。

　3回目の2019（令和元）年は合計237点で，3点足りませんでした。この時は事例Ⅳを空白で出し，「せめて計算過程でも書いておけばよかった」と後悔しましたが，その3点に深い断絶があり，限りなく遠い気もしていました。

　そして，4回目の2020（令和2）年は合計188点まで落ち，過去最低でした。

ショックで1か月ほど立ち直れず，あの時ほどドブネズミになったような，底なしの絶望感，無力感，自己嫌悪，自己否定を感じたことはありませんでした。

　ただ，3回目，4回目の時も『ふぞろいな合格答案』をもとに，自己流で同じ過去問を9回，10回も繰り返していただけで，実力が上がっている感触，手応えはまったくありませんでした。今振り返っても，明らかに実力不足でした。

　4回目の時は，EBAの100字訓練を利用しました。それまで冗漫な書き方しかできず，いたずらに字数をムダにしていましたが，「組織活性化」，「組織の一体感の醸成」といった，"診断士らしい"キーワードを使えるようになりました。これが5年目の合格につながった勝因の1つでもあります。

⑵ 『黄金手順』との出会い〜ようやく「My 解答手順」にたどりつく〜

　2019（令和元）年の3回目の2次試験直前，寺嶋直史先生の『30日でマスターできる 中小企業診断士第2次試験 解き方の手順』（中央経済社）（『黄金手順』）を書店で初めて見た時，「自分が求めていた解答手順はこれだ！」と直感し"即買い"しました。

　『黄金手順』で特に共感したのは，「『作業』と『思考』は同時にできない。だから分離する」，「過去問を繰り返し解いても意味がない」という点でした。

　ただ，3回目の時は黄金手順の習得が間に合わず，4回目の時も実践できず，本当に自分に合った解答手順として使えるようになったのは5回目の時でした。

⑶ 5回目の2次試験で変えたこと〜TBC「抽象化ブロックシート」の活用〜

　4回目の2次試験に落ち，もうどうやって勉強していいかわからず，途方に暮れていた時，ある合格者から「TBCの『速修2次テキスト』の「抽象化ブロックシート」がいい」と紹介されました。

　ちょうど同じ時期，受験仲間から，TBCの通信講座の教材を見せてもらう機会がありました。その2つを見て，私はようやく「自分には，与件文や問題文を1次知識で読み替える力そのものが不足している」と気づいたのです。

　寺嶋先生の『黄金手順』は，80分の試験時間のうち，最初の30分で問題文と

与件文を 2 回ずつ読む「作業」と，残り45分で解答する「思考」を分けますが，「作業」のメモ出しの段階で，与件文や問題文を「ブロックシート」の該当部分で読み替える訓練をしました。そして毎月，月刊『企業診断』（同友館）の錬成問題集を最低 3 回転し，初見の事例にも対応できるようにしました。

　最終的には「ブロックシート」に，勉強したことを追加したものが「ファイナルペーパー」となり，すべて覚えるとともに試験直前まで何度も見ていました。

　実務補習では，2 次試験と同じように「訪問企業の戦略や問題，課題を 1 次知識で読み替える」ことを実体験し，また，そのリアルさ，難しさを痛感します。「誰か，それを先に言ってよ〜」と叫ばずにはいられませんでした。

(4) 「My 問題集」で 1 次知識を思い出す訓練

　過去問20年分と『企業診断』 1 年分の錬成問題集の問題文だけを転記した「My 問題集」を作り，スキマ時間に読んで解答骨子をイメージしました。その時，気をつけたのは，問題文から 1 次知識を思い出し，読み替えることでした。

(5) 中小企業白書・小規模企業白書の活かし方

　AAS 名古屋校の鷺山先生は「中小企業白書ほど 2 次試験に役立つ教材はない」，「白書がつまらない，と思う人は，診断士の受験をやめたほうがよい」と喝破しています。1 回目，2 回目の時は，その意味がわかりませんでしたが，その重要性をようやく理解できたのは 4 回目，5 回目の時でした。

　特にこの数年は，後継者不在や人材不足，コロナ禍といった中小企業を取り巻く環境の激変を受け，白書のテーマ，すなわち経済産業省，中小企業庁の方針・政策が，2 次試験の作問のベースとして，より色濃く反映されていると感じます。2023年は，ウクライナ侵攻などによる物価高騰で，中小企業がもっと苦しくなるのは間違いなく，国の政策の影響度がさらに高まるでしょう。

　白書は重くて，とても持ち歩けません。そこで私は，東洋大学経済学部・白書研究会の『図解要説 中小企業白書を読む』（同友館）を買い，紹介企業のページは，図書館でコピーしました。コピー代は350円くらいでした。白書の紹介

企業だけでも約50社あり，白書のテーマを思い出したり，1次知識に読み替えたりするのに十分な数をこなせました。紹介企業が，どのようにして人材育成や顧客の維持・開拓，ホームページやSNSの活用を図ったのか，勉強にもなりました。

　もちろん中小企業庁のホームページから白書をダウンロードして，タブレットやスマートフォンで読んでもいいでしょう。これならお金はかかりません。

(6)　TBCの「新試験委員対策」で足切りをギリギリ回避

　TBCの通信講座では，「新試験委員対策」があります。

　私は受験仲間から，2021（令和3）年度から試験委員（出題委員）になった落合康裕先生を教えてもらい，先生の『事業承継の経営学―企業はいかに後継者を育成するか―』（白桃書房）を読みました。

　令和3年度の事例Iでは，落合先生の研究テーマである事業承継について出題され「ヨシッ！」と心の中でガッツポーズをしました。ただ，結果は43点の足切りスレスレで，内容は的外れだったのでしょう。しかし，都合よく解釈すれば，落合先生の本を読んでいたおかげで危うく足切りを免れたともいえます。

　新たに2次試験の試験委員，特に出題委員になったということは，当然，その委員が作問する可能性があり，「敵を知る」にも新試験委員情報は十分にチェックしておく必要があります。こういう情報を効率的に素早く提供してくれるのは，やはり予備校の強みといえるでしょう。

8　事例IVは「計算の正確さ・速さ」＋「閃き」

　この2年の事例IVは，計算の正確さ，速さに加え，例えば2021（令和3）年度の第3問（設問2）のように，試験会場で心労，緊張，プレッシャー，焦燥の中，「いかに閃くか」，「いかに気づくか」によって合否が分かれる問題が多くなってきた印象を受けます。

　そういう意味では，理系（特に工学，物理，数学系）出身者は，「閃く」，「速く計算する」，「計算過程を書く」のに有利なような気がします。私の周りも，理系の合格者は全員，事例IVで60点を超えていました。しかし，それをいって

しまうと，文系の受験生，数学が苦手な人には身も蓋もありません。

　事例Ⅳで合格点を取るには，もちろん過去問を解くのも必要ですが，過去問や市販の問題集だけでは足りず，予備校の新作問題や模試，『企業診断』の錬成問題などで初見の問題にも対応できる柔軟性を鍛えたほうがいいでしょう。

　なお，『企業診断』の錬成問題の経営分析は，予備校によって個性，クセがあるため，「当たった，ハズれた」で一喜一憂する必要はありません。

9　安全策としての１次試験の保険受験

　２次試験は，勉強時間，努力した量が点数に比例しない，本当に理不尽な試験です。したがって，２回目で合格する覚悟と自信がなく，時間とお金が許すのであれば，１次試験全７科目の保険受験はしたほうが安全だと思います。

　２回目の時，「不合格は想定していない，考えたくもない」気持ちはよくわかります。私もそうでした。保険受験するのも苦痛です。しかし，２次試験に２回落ちて１次試験を受け直すのは，もっと精神的に厳しいです。50歳近くになると気持ちを立て直すのは本当に大変で，私は心が折れかけました。

　科目合格狙いの受験生にも，全７科目受験をおすすめします。私は2022（令和４）年度の１次試験を受けていないので実感としてはわかりませんが，予備校の講評や受験した仲間の話では，今まで比較的60点以上を取りやすかった「経済」が大幅に難化した一方，これまで難しかった「経営法務」や「経営情報システム」が易化したと聞きました。つまり，過去の傾向から「経済は大丈夫だろう」と科目合格を目論んでも，傾向が変わってしまえば足元をすくわれることになります。易化・難化はわかりません。もし時間的・金銭的余裕があるなら，全７科目を受験したほうが，遠回りのようで，実は「近道」といえるでしょう。

10　自分に合った勉強法を見つけて，ぜひ短期間で合格してください

　どの合格者もいうように，２次試験の勉強法は千差万別，百人百様，十人十

色です。

　もし「地方・独学・1年で，知識ゼロから一発合格」できた合格者がいれば，その方はよほど頭がいいか，5回のうち1回目に「まぐれ」が当たったかのどちらかです。そして，どちらにせよ，その方の勉強法が「ハイスペックでない人」，凡人に役立つとは思えません。なぜなら，2次試験の正解が公表されない以上，「自分がなぜ合格できたのか」本当の理由など誰にもわからないからです。

　では，「自分がハイスペックかどうか」は，どう判断すればいいのでしょうか。それは無責任な言い方になりますが，自分自身で判断するしかありません。もし「自分もハイスペックな人間だ」と思えば，同じ勉強法でかまいませんし，そうでなければ，「ハイスペックな人」以上に工夫，努力して勉強するのみです。私は後者，しかも工夫も努力も足らず，「ハイスペックな人と戦っている」という自覚もない「井の中の蛙」でした。地方で独学のビハインドともいえます。

　診断士の人気が上がり受験者数も増え，次から次へと「ハイスペック」な人が新規参入し競争は激しくなるばかりです。また，この数年，2次試験の問題文の題意を捉えること，問題文と問題文の切り分け，与件文と問題文の紐づけが，ますます難しくなってきたと感じます。2022（令和4）年度の2次試験は，さらに難化したと聞きます。

　1回，2回で合格したいのなら，まず自分とタイプの似ている合格者を探し出して詳しく話を聞き，そこから自分に合った勉強法を確立してみてください。私のように回り道をせず，短期間で合格されることを心から祈念しています。

中小企業診断士試験合格で新たな扉が開く

御幡　大樹

（プロフィールは巻末参照）

1　はじめに

(1)　自己紹介

　私は，投資ファンドの運営会社でアソシエイトとして働く26歳です。前職は，全国90拠点ほどの保育園を運営する中小企業で，経営企画として従事していました。やりがいのある仕事でしたが，中小企業診断士（以下，診断士）試験合格を機に，よりチャレンジングな環境に身を置きたいという気持ちが募り，転職活動を行いました。未経験ながらも，2022年の5月より，希望していた会社への転職が決まりました。「中小企業の経営課題に対応するための診断・助言を行う専門家」である診断士の試験に合格して，新たな扉が開いたことを実感しました。

　後継者不足・不在による事業承継や，地域経済を支えるための事業再生などにおける投資について，ご興味がございましたら，下記 LinkedIn の URL よりよりお気軽にご連絡いただければ幸いです。

　LinkedIn　https://www.linkedin.com/in/h1r0k10bata/

(2)　受験歴概要

- 2020年7月，初受験となった1次試験，461点でストレート合格
- 2020年10月，1度目の2次試験，CBAB で不合格
- 2021年11月，2度目の2次試験，ACAA で合格
- 2022年1月，口述試験合格

下記，得点開示の結果となります。

（筆者撮影）

(3)　主たる保有資格

- IT ストラテジスト
- 宅地建物取引士：（東京）第268814号
- 2級ファイナンシャル・プランニング技能士

2　合格するまでの体験

(1)　1次試験

●得意科目の勉強方法

- 財務・会計：日商簿記2級を取得していたこともあり，アカウンティング

分野については，安定して得点できていました。一方，ファイナンス分野の，資金調達／配当政策や，証券投資論については馴染みがなかったため，金融についての入門書などを網羅的に調査することで，概要の理解に努めました。

- 運営管理：生産管理分野は，オペレーションの向上という観点がおもしろく，OR についての大学の講義素材などを，YouTube で視聴していました。店舗・販売管理分野については，机上で学習するだけでなく，行きつけのスーパーや駅ビルなどで，陳列の方法や店員の動きを観察することで，知識の定着を図りました。

- 経営情報システム：得意分野と苦手分野が明確になっていたので，内容を取捨選択して勉強していました。経営情報管理に関連する部分は読み飛ばす，HW/NW/DB についての用語は細かいレベルで整理する，といった風にメリハリをつけた学習を心がけていました。

●苦手科目の勉強方法

- 経済学・経済政策：マクロ経済／ミクロ経済ともに苦手で，大変苦労しました。過去問とテキストを行き来しながら，概念が染み込むことを目指しました。スキマ時間で繰り返し学習したことで，本番では無事に68点を獲得できました。

- 中小企業経営・政策：内容が単調で，知識の詰め込みという趣があり，学習が疎かになっていました。「中小企業白書」はユニークな中小企業の集約であるという視点を忘れずに，活き活きとした読み物であると考え，学習に取り組みました。本番では，失敗してしまうかもしれないという不安はありつつも，何とか足切りを免れました。

●使用した教材

- 『中小企業診断士　最速合格のためのスピードテキスト』（TAC 中小企業診断士講座編著，TAC 出版）：全容が簡潔にまとまっており，辞書的に使用していました。概念図がわかりやすく，どの科目においても重用していました。

- 『中小企業診断士　最速合格のためのスピード問題集』（TAC中小企業診断士講座編著，TAC出版）：簡単に1周して，雰囲気を掴むために使用しました。今振り返ると，このプロセスは必要なかったかもしれないと考えます。
- 『中小企業診断士　最短合格のための第1次試験過去問題集』（TAC中小企業診断士講座編著，TAC出版）：基本的には，この参考書を軸に勉強していました。科目によりますが，2〜3周して，苦手分野を潰していました。

●通った予備校，独学，勉強会サークルなど

予備校には通わず，独学で勉強しました。時間が柔軟に使えることが，最大の魅力だと思います。その他，大原の模試を一度受験しました。

●勉強に使用したツール

古典的ですが，紙とペンでガントチャートを作成して，プロジェクトを管理していました。アプリケーションを使う方法もありますが，個人的には紙のほうが自由にできて，管理しやすいと思います。参考として，プロジェクトノートを次ページに掲載します。

●勉強時間

約682時間，191日間使用しました。通勤電車やお店の待ち時間など，日々のスキマ時間を活用して，時間を捻出しました。

●試験直前の過ごし方

しっかり眠らないと駄目な性質なので，睡眠時間に気をつけながら過ごしていました。お酒が好きなので，過度に制限せずに，晩酌をしてリラックスすることを心がけました。

●試験当日

受験会場が幕張メッセで，自宅から割合遠かったため，時間に余裕を持って行動しました。会場付近の市川塩浜駅に着くと，電車に乗っている人すべてが

12 December 2019

PROJECT	8 日 SUN	9 月 MON	10 火 TUE	11 水 WED	12 木 THU	13 金 FRI	14 土 SAT	15 日 SUN	16 月 MON	17 火 TUE
	w10,w9,w8	w7								
			1~3	4,5	6,7	8~11			
			w1	w10	w9	w8,w7			
							w1,w10,w9	w8	

PROJECT	18 水 WED	19 木 THU	20 金 FRI	21 土 SAT	22 日 SUN	23 月 MON	24 火 TUE	25 水 WED	26 木 THU	27 金 FRI	28 土 SAT	29 日 SUN	30 月 MON	31 火 TUE
		1~3	4~7	8~12	13~17									
		w1	w10	w9,w8	w7									
				w1	w10	w9	w8	w7						
									1,2	3~5	6~9			
									w1	w9,w8,w10,w7				
											w1,w10,w9,w8			

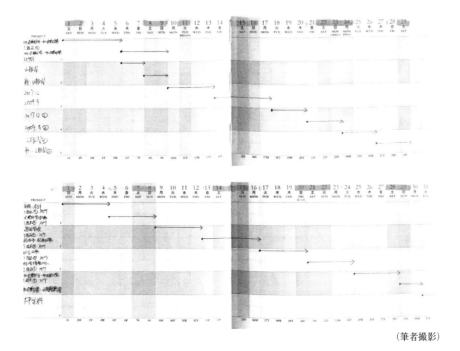

（筆者撮影）

受験生なのではないかと思い，徐々に緊張感が高まっていきました。直前まで過去問を読み，少しでも得点に繋がるよう祈っていました。試験終了後は結構手応えがあり，自己採点で合格点に達していたため，2次試験の勉強を進めることに決めました。

(2) 2次試験

●得意科目の勉強方法

- 事例Ⅲ（生産・技術）：得点源とすべく，比較的時間を使おうと決めていました。技術装置関連の動画を視聴し，工場での作業イメージの把握に努めました。

●苦手科目の勉強方法

- 事例Ⅱ（マーケティング・流通）：感覚で記述してしまうことが多く，なかなか得点が伸びませんでした。与件文を丁寧に読み解き，文脈を重視して解答できるよう尽力しました。しかしながら，本番において，1年目は52点→2年目は44点と足切り付近でしたので，本科目の肝を捉えることは難しかったのだと顧みています。

●使用した教材（1年目）

- 『中小企業診断士2次試験　ふぞろいな合格答案　エピソード13』（ふぞろいな合格答案プロジェクトチーム編著，同友館）：受験者の解答のバリエーションを学びました。
- 『中小企業診断士2次試験　ふぞろいな合格答案　10年データブック』（ふぞろいな合格答案プロジェクトチーム編著，同友館）：過去問を解く際に，自己採点できる点が便利だと思います。1周40事例を解いてみて，時間感覚を掴みました。
- 『平成20年度版 中小企業診断士2次試験 事例攻略のセオリー』（村井信行著，DAI-X出版）：絶版でしたが，地元のフリーマーケットで譲ってもらいました。古い書籍ながら，記述されている観点は的確であり，現行の試験にも対応できると考えます。

●使用した教材（2 年目）

- 『30 日でマスターできる　中小企業診断士第 2 次試験　解き方の黄金手順』（黄金手順執筆チーム編著，中央経済社）：与件文を色分けして解くというメソッドを学べました。1 年目はシャープペンシルのみで勉強していたので，マーカーを活用することで，これほど情報が整理されるのだと，目から鱗が落ちました。
- 『「まとめシート」流！ 解法実況』シリーズ（野網美帆子著，Kindle 版）：解答メモの作成方法が大変参考になりました。直近 5 年分の過去問のほか，気になる問題は 2 周して，不安を解消しました。

●通った予備校，独学，勉強会サークルなど

　1 年目，2 年目と独学で勉強しました。自分の時間を細分化して使えるため，学習効率が高いと感じています。ただし，受験者の中で相対的な位置がわかりにくいというデメリットがあるので，1 年目は大原と TAC の模試を一度ずつ受験しました。2 年目は模試を受けず，「200% スタイル」や「黄金会」といった勉強サークルに参加し，他の受験者と意見交換を行うことで，自身の解答が近視眼的にならないように注意しました。

●勉強に使用したツール

- Blog「200% スタイル」（https://fuxin24.net）：試験概要を把握し，1 次の知識を定着させるのに活用しました。
- YouTube：ほらっち先生やきゃっしい先生の動画を観て，士気を高めました。試験を俯瞰的に捉えた内容が多く，心構えに関する Tips など，本番において非常に役立ったと感じています。
- その他，不明な用語や概念については，適宜 Desk Research や関連書籍を参照し，自分の中に落とし込んでいきました。

●勉強時間

　約341時間，162日間使用しました。1 年目はスキマ時間を活用することはもちろん，週末にまとまった時間を確保して，本番と同じ流れで過去問を解くこ

とを意識しました。2年目は6月頃から勉強を始め、気が向いた際に過去問を解いて、感覚が鈍らないようにしていました。

●試験直前の過ごし方（2年目）

2度目の2次試験で、来年は1次試験から受け直す必要があるため、最後の受験にしようと、気張らずに考えていました。直前期は、過去問をひたすら解くのではなく、ある事象について、問題／課題／解決策を他人に説明できるようになることを目標に、時間をかけて考えていました。

●試験当日（1年目）

受験会場は中央大学多摩キャンパスで、立川駅からのモノレールでは、車内のほとんどの人が参考書を読んでいました。いよいよ始まるのだと思いつつも、あまり緊張はありませんでした。試験が始まると、事例Ⅰから手応えがあり、合格したかもしれないと考えていました。結果通知で不合格だった際は、非常に残念でした。合格には遠く及ばない点数で、この試験は捉えどころがないものだと痛感しました。

●試験当日（2年目）

受験会場は立教大学池袋キャンパスで、自宅から近く、ゆっくりと会場に向かうことができました。試験本番になって、問題用紙へメモ書きを残すという解き方に変えたことで、普段よりも時間がかかりました。結果、全事例で時間が足りないという問題が生じました。事例Ⅰが終了した時、解けない問題があったので、今年も駄目だと確信しました。さらに、事例Ⅱについては、「浸透」という漢字を「侵透」と書き間違え、まったく自信がなくなりました。事例Ⅳでは端数処理を誤り、絶対に合格はできないだろうと思いました。帰り道は、かえって清々しい気持ちでした。不合格だろうと考えていたので、合格を知った時は、非常に驚きました。

(3) 実務補習

7月～9月の15日間で、5ポイントずつ獲得していく予定です。今年度中の

診断士登録を目指し，尽力したいと思います。

 3　合格した後の経験

(1)　仕事面での変化

　5月より，業種・職種が違う職場へ転職し，大きなキャリアチェンジとなりました。現職では，投資活動を通じて，多様なステージにあるさまざまな企業のニーズに応えるべく，日々奮闘しています。企業の潜在的な力や価値を引き出し，それを向上，発展させていくことで，より良い未来に繋げていきたいと考えています。

(2)　診断士としての活動

　合格直後，幸いにも2022年度版の『黄金手順』の執筆チームに加わることができ，非常に稀有な体験をすることができました。本書についても執筆の機会をいただき，大変嬉しく思います。診断士となった暁には，執筆や講演など，積極的に活動できれば慶福です。中長期的な目標としては，ネットワークを拡げ，企業価値の向上に寄与していきたいと考えています。

4　受験生へのメッセージ

　振り返ると，謙虚に向き合う姿勢が，合格できた最大の要因ではないかと思います。合格は通過点に過ぎないということを胸に留め，勉強に向き合えば，道は拓けると信じています。大切なイベントである一方，所詮は試験と割り切り，自身の優先順位に基づいて生活するのが肝要と考えます。パートナー／友人／職場など，周囲の環境と自分との関係を最適化して，ぜひ試験に臨んでください。

　皆さまの合格を心よりお祈りするとともに，いつかお会いできることを心待ちにしています。

低予算で合格するための道のりと
全ノウハウ

北村　純一

1　合格するまでの体験

(1)　中小企業診断士試験受験のきっかけ

　私は学生の頃はまったく勉強をしておらず，社会人になってから勉強に目覚め自分の苦手分野を克服してきました。私は電機メーカーに勤務していましたが，20代後半は英語の勉強で学生のころから苦手であった英語を克服し，32歳で希望していたカナダの販売子会社に海外駐在をすることができました。カナダ駐在時は経営数字の管理や財務が役割でしたが，苦手な会計分野を克服するため米国公認会計士の資格を取得しました。その後，カナダから米国の販売子会社に経営管理・営業企画として異動し2015年に本社に帰任しました。このように苦手分野を資格取得の勉強によって克服し，スキルを証明することで，異動の希望を叶えてきました。

　次は販売子会社の社長としてまた海外赴任したいと思っていたので，経営の勉強をしたい，そのためには中小企業診断士（以下，診断士）資格を取得しようと思ったのが，その後3年半にわたる診断士試験への挑戦のきっかけでした。

　合格までに3年半かかりましたが，私の体験談で紹介する教材や書籍はいろいろ試した結果，合格までに必要だったと今でも思えるもののみを厳選して紹介していますので，まずは一覧で紹介します。

1次試験対策	2次試験対策（書籍）
・通勤講座（現・スタディング） ・中小企業白書	・『中小企業診断士2次試験合格者の頭の中にあった全知識』（以下，全知全能） ・『ふぞろいな合格答案』シリーズ ・『事例Ⅳ合格点突破計算問題集』 ・『小が大を超えるマーケティングの法則』　岩崎邦彦著
2次試験対策（講座等）	
・中小企業診断士試験一発合格道場 ・LEC 金城順之介の過去問総ざらい講座	

⑵　1次試験（1回目）

　まずは教材選びから始めました。かつて米国公認会計士を学習した際には海外駐在中であったこともあってDVDの通信講座で勉強しました。DVDは1.5倍速再生で早見でき，効率が良いので，診断士試験の学習においては最初から予備校に通うことは考えませんでした。

　通勤講座（現・スタディング）を選んだのですが，良い点が3点ありました。1点目は価格が安いこと。2次試験とセットで6万円前後と予備校の通信講座よりもかなり安い価格設定でした。2点目は学習コンセプトに共感できたことです。通勤講座の目指す得点は合格最低点であり，そのため教材のボリュームは必要最低限でした。資格試験は合格してしまえば満点で合格しても，合格ギリギリの点で合格しても合格は合格なので，この合理的な学習コンセプトには共感できました。3点目はマインドマップが教材になっていたことです。米国公認会計士試験の勉強でマインドマップを自分で作成して学習していたので，マインドマップが教材になっている通勤講座は自分に合っているなと感じました。

　届いた教材はうまく要点がまとまっており，iPadにテキストや音声を入れておけばどこでも学習でき効率が良かったです。具体的にはiPadのi文庫HDというアプリを使用していました。診断士試験に関するものはすべてPDF化し，テキスト・過去問・参考書籍などすべてをいつでも見られるようにしておきました。

i 文庫 HD の本棚（すべての教材・資料を iPad で携帯できた）

　幸運なことに，米国公認会計士試験の試験範囲と診断士１次試験の試験範囲
は重複する部分がかなりあったので診断士試験の学習はとっつきやすかったと
いうのもありました。具体的には「経営法務」と「中小企業経営・政策」の２
科目以外は米国公認会計士試験で学習済みの内容でした。

　１回目の１次試験は２か月半の学習で431点の得点で合格でした。

2015年（平成27年）１次試験（１回目）結果

経済	財務	経営	運営	法務	情報	中小	合計	結果
56点	72点	59点	59点	68点	56点	61点	431点	合格

(3)　2次試験（1–2回目）

　1回目の2次試験は通勤講座の2次試験教材で勉強を始めましたが，解答に至るロジックが私とは合わなかったため，『全知全能』を参考書に過去問を数年分解いて臨みましたが不合格でした。通勤講座の教材が悪いというよりは私との相性の問題だったと思います。『全知全能』も一通り読んだだけで中身の理解が浅かったのも不合格の原因だったように思います。今でも覚えているのは事例Ⅱの舞台をリアルに想像しながら解けたのが楽しかった，ということです。本当のところはわかりませんが，問題を解いている時は，おそらくこの事例は武蔵小杉の商店街が舞台となっているだろう，ここは土地勘があるから大丈夫だ，と楽しく自信を持って解答できたのを覚えています。2次試験は通算4回受験しましたが，事例Ⅱは自分の想像できる範囲にあった問題は60点以上得点できていました。1回目不合格の反省点は全科目合格点ギリギリで得点源がなかったことです。得意であるはずの事例Ⅳ（財務・会計）であと2点得点できていれば合格できたはずだ，と悔しかったのを覚えています。

2015年（平成27年）2次試験（1回目）結果

事例Ⅰ	事例Ⅱ	事例Ⅲ	事例Ⅳ	合計	結果
56点	60点	59点	63点	238点	不合格

　差別化による競争優位が大切なのは中小企業でも診断士試験でも競争である以上は同じなのだ，という点を反省し2回目の受験勉強に取り組みました。

　2次試験1回目の不合格がわかった年明けから，得意分野である財務・会計を得点源とするために日商簿記1級の勉強を始めました。また，口述試験対策のために学習範囲が一部重複するファイナンシャル・プランニング技能士1級の試験勉強も始めました。結果として日商簿記1級は不合格，ファイナンシャル・プランニング技能士1級は合格でしたが，財務会計に対する興味を維持しながら過ごすことができました。8月には『中小企業診断士2次試験　事例Ⅳの全知識＆全ノウハウ』も発売され2回目の2次試験はかなり自信を持って臨

むことができました。この本は，事例Ⅳを経営分析，損益分岐点分析といった
テーマ別に学習することができるので，事例Ⅳの出題パターンを俯瞰しながら
事例Ⅳの自分の得意なテーマは伸ばし，苦手テーマは克服する学習に活用でき
るのでおすすめです。しかし結果は不合格でした。得点源とするはずであった
事例Ⅳで計算ミスを連発し得点源どころか４科目中最低得点となりました。

2016年（平成28年）２次試験（２回目）結果

事例Ⅰ	事例Ⅱ	事例Ⅲ	事例Ⅳ	合計	結果
55点	66点	57点	50点	228点	不合格

　２回目の２次試験も不合格となったことで１次試験の
免除もなくなり振り出しに戻りました。計算ミスがあま
りに悔しく，心が折れそうになりましたが，私はプレミ
アム電卓を入手することで何とか持ちこたえました。カ
シオのS100BUという３万円近くする電卓ですが，ここ
まで高いと元を取ってやろうと思うのか，計算も丁寧に

やるようになりましたし，計算が楽しくなりました。高い電卓自体をおすすめ
するわけではありませんが，気分を変えたり，モチベーションを維持するため
に「戦友」である勉強道具に投資してみるのはおすすめです。

(4)　１次試験（２回目）

　診断士試験が振り出しに戻ったこと，また一度合格した１次試験を再び受け
るにあたって2017年はモチベーションの維持に苦労したことを覚えています。
2016年に私は免除となった１次試験の「経営情報システム」で，得点調整が行
われたという事実に不安感も覚えました。不安があるなら逆に得点源にしてし
まえ，２回の２次試験不合格の中で差別化による競争優位の獲得の重要性を感
じていた私は「経営情報システム」を得点源とするために応用情報技術者試験
の学習を始めました。

　2017年の年明けに学習を始め，４月に受験し合格できました。財務・会計と

いう得意科目に経営情報システムも得意科目に加えることができたので，2回目の1次試験はかなりリラックスして臨むことができました。

　応用情報技術者試験に合格していると「経営情報システム」の科目免除を申請できますが，科目免除申請はしませんでした。せっかく得点源にできる科目なのに免除にしてしまったらもったいないからです。「経営情報システム」の得点は60点であり結果として得点源になっていませんでしたが，リラックスして1次試験に臨めたというのは事実です。

　「中小企業経営・政策」は中小企業白書を図書館で借りられることに気づき6月下旬に借りて一読しました。現在は中小企業庁のWebからPDFでダウンロードできるのでこれから受験される方にはそちらをおすすめします。

　2回目の1次試験は438点の得点で合格でした。期待の「経営情報システム」は得点源となりませんでしたが，財務・会計は目論見どおり88点で得点源とできました。

2017年（平成29年）1次試験（2回目）結果

経済	財務	経営	運営	法務	情報	中小	合計	結果
76点	88点	44点	57点	64点	60点	49点	438点	合格

　診断士試験への挑戦も3年目となり，学習のコツを掴みつつありました。特に効果的と感じたおすすめの学習法を紹介します。マインドマップを自分で作成することです。通勤講座に付属の物ではなく，科目別に自らマインドマップを作成しました。マインドマップ作成途上で自分の知識の足らない部分に気づくことができるというメリットがあり，過去問を解いていて間違えたところをマインドマップに追加することで弱点も克服できます。2017年の1次試験の「運営管理」の難易度は高く，科目別合格率は3.1%でした。そんな中，決して合格点ではありませんが，私は57点取ることができました。自ら作成したマインドマップによって知識が整理されていたことで合格に近い点数を獲得できたのだと思っています。以下，自ら作成した「運営管理」のマインドマップの一部を拡大して掲載します。

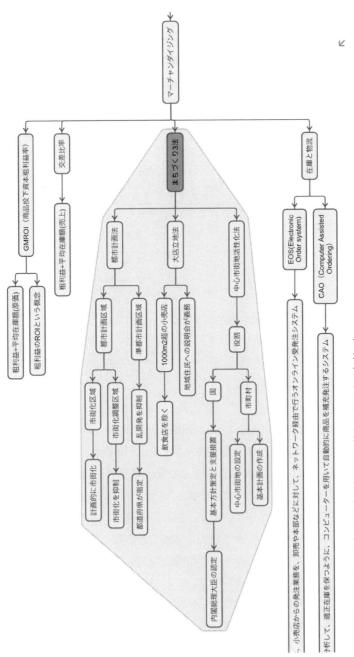

運営管理マインドマップ一部拡大（まとめて覚えるところは色付け）

マインドマップ作成のアプリはいくつか試した結果，最終的に Simple Mind に落ち着きました。直感的な操作性が自分に合っていたからです。皆さまもいくつか試してみてご自分と相性の良いアプリを選ぶことをおすすめします。たいていのアプリは無料期間や無料バージョンがあります。

(5)　2次試験（3回目）

ひたすら過去問を解くという勉強を続けていた2次試験でしたが，試験時間内に解答を作成することができるようになっても，どれほど得点できているのかがわかっていなかったことが問題でした。そこで出会ったのが『ふぞろいな合格答案』シリーズでした。『ふぞろいな合格答案』シリーズはさまざまな再現答案を合格レベルからC判定レベルまでランク付けして掲載していること，またその判定方法を使えば自分の答案も採点できることから，過去問解きっぱなしの学習から脱却することができました。今まで事例IV以外はアウトプット学習の効果を日々検証する方法がなかったので，『ふぞろいな合格答案』シリーズに出会ったことで学習効果が飛躍的に上昇したように思います。

① 過去問を解く
② 『ふぞろいな合格答案』で採点
③ 抜けていた視点を『全知全能』を読んで復習
④ 特に重要な点をマインドマップに書き加える

といった2次試験の学習パターンを確立しました。

今まで孤独に学習してきましたが行き詰まりも感じ始めていたので2017年は「中小企業診断士試験 一発合格道場」「LEC 金城順之介の過去問総ざらい講座」といったイベントにも参加しました。「中小企業診断士試験 一発合格道場」ではファイナルペーパーに出会いました。私は事例別のマインドマップとファイナルペーパーを作成し，「LEC 金城順之介の過去問総ざらい講座」を試験直前に受けることでファイナルペーパーの完成度を上げました。私のファイナルペーパーは稚拙なメモ書きのようなものですが，ファイナルペーパーで一番大切なのは，人のものを参考にしながらも自分で作成することです。

自信満々で臨んだのですが事例IIで大事故を起こしてしまい不合格。問題を解いた際にも舞台をリアルに想像できず解いていて苦痛だったのを覚えていま

176

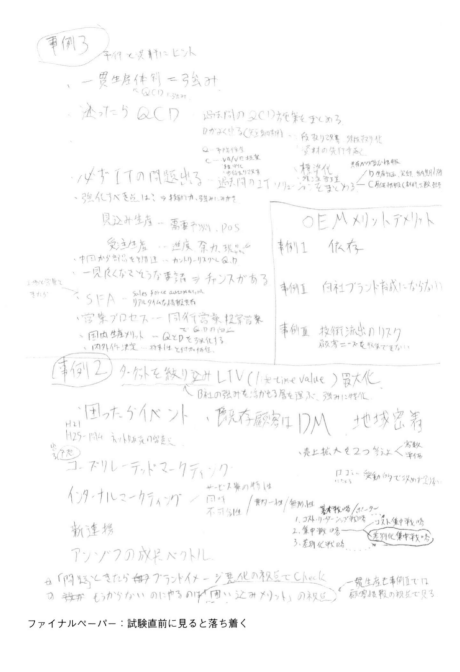

ファイナルペーパー：試験直前に見ると落ち着く

す。自分の再現答案と『ふぞろいな合格答案』シリーズを見比べると，私の答案は細部にこだわりすぎていて，当たれば高得点だが外れたときにまったく得点できない答案になっていました。2次試験も3回目で慣れてくると解答を深く書きすぎてこのような事故を起こすことになりますので注意してください。

2017年（平成29年）2次試験（3回目）結果

事例Ⅰ	事例Ⅱ	事例Ⅲ	事例Ⅳ	合計	結果
57点	49点	61点	64点	231点	不合格

⑹　2次試験（4回目）

2次試験受験4回目の2018年，私はインドに駐在しており，インドからの一時帰国を利用して受験しました。2017年試験で2次試験の学習方法は確立できたと感じていたこと，2018年はインドにいたということもあり特に新しい学習方法は取り入れず，今までやってきたことを丁寧に繰り返しました。2017年の事例Ⅱの事故が忘れられず，試験委員はどのようなことを考えているのだろうと思い，岩崎邦彦先生の著書を3冊ほど読みました。特に『小が大を超えるマーケティングの法則』（日本経済新聞出版社）は読み物としておもしろいだけでなく，事例Ⅱの作問と解答のヒントが満載だったのでおすすめします。

2018年（平成30年）2次試験（4回目）結果

事例Ⅰ	事例Ⅱ	事例Ⅲ	事例Ⅳ	合計	結果
71点	62点	61点	72点	266点	合格

2次試験受験4回目にしてついに合格できました。事例Ⅳを得点源とできたこと，ファイナルペーパー作成で特に事例Ⅰを得点源とできたことが勝因でした。

2 合格後の体験

(1) 診断士登録まで

　2次試験合格直後に転職したこともあり，新しい日々に忙殺される中で次の
ステップである診断士登録のことは後回しになっていました。しかし，2021年
に診断士登録までの3年期限を迎えるにあたって慌てて実務補習を受けました。
試験に合格してから3年以内に診断士に登録しないと，単に試験に合格しただ
けで診断士にはなれないので要注意です。実務補習では診断士仲間や指導員の
先生と出会う中で，ただ試験に合格しただけではコンサルタントとしての実力
は備わっておらず，コンサルタントとしての実力を備えるためのスタート地点
に立ったに過ぎないことを痛感しました。また，私は診断士を自己啓発資格程
度にしか捉えていませんでしたが，他の士業と異なり独占業務がない分，活躍
の幅が広いことも実務補習を通じて学びました。

(2) 協会登録のススメ

　実務補習を終えたのと同時に東京都中小企業診断士協会に登録しました。入
会金・年会費ともに安くはないですが，コンサルタントとしての実践的なスキ
ルを磨き続けられることや，得られる仕事を考慮するとすぐに元は取れると思
います。

　現在私は東京協会城南支部に所属していますが，城南コンサル塾というプロ
コン塾に所属しており，将来診断士として独立するための研鑽を積んでいます。
プロコン塾とはプロのコンサルタントを養成するための有料講座で，補助金申
請やセミナー・研修講師としてのノウハウを身につけるものまでさまざまなプ
ロコン塾があります。自分の弱点を克服したい，興味ある分野の知識を身につ
けたい，仕事を得たいなどさまざまなニーズに合致する講座が用意されていま
すが，中小企業診断士協会の入会が受講の前提なので協会への入会をおすすめ
します。

3　診断士試験の受験を検討中の方に

　診断士試験は合格後の人生の選択肢が私のように思いがけず広がることもあるので，迷っている場合はまずは受験してみましょう。試験範囲が広いので，ご自分の得意分野の把握や苦手分野の洗い出しに活用できます。皆さまにおかれましては，私の体験談を参考に，または反面教師にしていただくことで，無駄に遠回りをしないで合格されることをお祈りいたします。

海外駐在から私費帰国を繰り返して合格

安田　雅哉

（プロフィールは巻末参照）

1 中小企業診断士試験：合格までの道のり

　2019年に中小企業診断士（以下，診断士）試験に合格し，翌2020年に診断士に登録しました。最初に受験したのは2016年でしたので，登録まで5年の歳月を費やしたことになりますが，良い経験だと思っています。ここでその全容を記したいと思います。合格を目指す受験生の皆さんの参考になれば幸いです。

(1) 合格までの受験歴

　まずは合格までの軌跡を一覧で示します。

	1次試験		2次試験	
	教材・学習時間	合否と自己採点結果	教材・学習時間	合否と得点開示結果
1年目（2016）	通勤講座（※1）TAC診断士講座（DVD教材）800時間	合格（※2）経済68点財務64点経営64点運営60点法務55点情報44点中小62点計　417点	TAC2次試験直前（通学）タキプロ勉強会200時間	不合格事例Ⅰ B事例Ⅱ B事例Ⅲ C事例Ⅳ A（計210点程度）
2年目（2017）	（前年合格）	-	タキプロ勉強会400時間	不合格事例Ⅰ 47点事例Ⅱ 45点

				事例Ⅲ65点 事例Ⅳ68点 ／計225点
3 年目（2018） 海外赴任中	過去問完全マス ター（同友館） 500時間	合格（※3） 経済 64点 財務 52点 経営 60点 運営 65点 法務 44点 情報 64点 中小 63点 計412点	独学 H13年以降過去 問 タキプロ Web 400時間	不合格 事例Ⅰ52点 事例Ⅱ60点 事例Ⅲ56点 事例Ⅳ51点 ／計219点
4 年目（2019） 海外赴任中	（前年合格）	－	MMC 通信講座 350時間	筆記試験合格 事例Ⅰ62点 事例Ⅱ59点 事例Ⅲ57点 事例Ⅳ66点 ／計244点 口述試験合格

（※1）　通勤講座は2022年12月現在，スタディングと改称されています。
（※2）　2016年は経営情報システムで一律加算がありました。
（※3）　2018年は経営法務で8点の一律加算がありました。

⑵　1 次試験〜まずインプット，その後は物量作戦で〜

●教材

　学習を始める前に TAC の『スピードテキスト』，『スピード問題集』に加え
て，TAC 通信講座の DVD 教材を 7 科目分買い込みました。また，通勤時間
の間でも学習できる触れ込みと安価な価格設定に誘発され，通勤講座（現・ス
タディング）も登録しました。

　受験のための必要知識をインプットすることが必要と思ったためです。

　インプットのあとはひたすら問題演習をして得点力をつけることに注力しま
した。同友館の『過去問完全マスター』を活用しました。各科目で過去問が単
元別に整理されており，苦手分野を攻略しやすいと先輩診断士の方からすすめ
られたことから購入しました。

● 学習方法

1次試験のそれぞれの科目には以下のような性質があります。

科　　　目	性　　　質
経済学・経済政策 財務・会計	概念などを理解する部分がほとんど
企業経営理論 運営管理	概念などを理解する部分も多いが，暗記も必要
経営法務 経営情報システム	暗記が圧倒的に多いが，概念などを理解する部分も多少ある
中小企業経営・政策	ほとんど暗記で対応可能

これを踏まえて，以下のような計画を立てて学習を行いました。

	3月	4月	5月	6月	7月	8月
Milestone			予備校模試			本試験
経済学・経済政策	インプット		演習			
財務・会計	インプット		演習			
企業経営理論		インプット		演習		
運営管理		インプット		演習		
経営法務			インプット		演習	
経営情報システム			インプット		演習	
中小企業経営・政策					インプット ＆演習	

　勤務しながらの学習でしたし，家には学習専用スペースがありませんでしたので，常に勉強道具を持ち歩いて，通勤電車内や，会社の始業前，帰宅中にカフェに立ち寄るなどして，使える時間をすべて学習に充てるようにしていました。

　本試験での時間配分を身につけるために大手予備校の模試も何度か受けました。結果はいつもひどい点数（たぶん全体で4割くらい）でしたが，これは模試の時期にはまだインプットが完了していなかったためでしたので，気にしていませんでした。目的はあくまでも本試験で合格点を取ること，途中経過で一喜一憂している余裕はありませんでした。

●演習の方法

　特に気をつけていたのは，問題に取り組む際に，自信をもって選択肢を選べる問題，あまり自信のない問題，に分類することを意識し，後者については，選択肢の根拠を明確に言語で説明できるように心がけていました。きちんと説明ができないものはいまいちどテキストに戻って確認するようにしていました。

　ただ問題を解き，正答だった，間違えた，と一喜一憂するよりは，確実に正答を導き出すための効果的な方法だったと思います。

　1次試験は2度受けましたが，2度目の試験対策については，インプットはせず演習中心でこなしました。多くの人が言うように，1次試験は合格するまでやり込んでおけば2回目以降は比較的楽だったように思います。

●試験直前の過ごし方

　1次試験は，どれだけ多くの問題に触れるかが勝負だと思います。本試験前の数日間は，有給休暇を取得し，学習に集中する環境を作るようにしました。そのうえで部屋にこもって直前まで問題演習を行いましたが，これは奏功しました。

●モチベーションの上げ方

　1次試験で学ぶことは実務でも活用できる知識の宝庫です。学習すればするほど，実務で経験している事柄に理論的なバックグラウンドが強化されていくような気がして，そのこと自体がモチベーションになっていたように思います。

　実務にどのように活かせるか想像しながら学習するのは意味あることではないかと思います。

(3)　2次試験～問われていることに知識も使って素直に答える～

　2次試験は合格までに4回受験しました。何が良い解答なのかを把握するまでに時間がかかったのですが，究極的には，問われたことに対し，1次試験で学んだ知識を用いて素直に答えることに尽きる，ということがわかりました。

　これを体得するまでに，どのような学習をしてきたのかを以下に紹介していきます。

●1年目　2016年

　1次試験の自己採点で合格に3点足りず，敗退を確信していました。そのためまったく対策をしていませんでした。たまたま大手予備校の2次試験対策講座説明会に出席したところ，この年は経営情報システムが難化したため得点調整があるかもしれないということを知り，1次試験合格の可能性もあることがわかったため，慌てて2次試験の準備を開始しました。

　一足先に診断士になっていた先輩に相談すると，同友館の『ふぞろいな合格答案』の購入と，前年度の診断士試験合格者が運営するタキプロという団体の勉強会に参加することをすすめられました。同時に大手予備校の通学直前講習にも通い，何とか試験に対応しようとしていました。

　ただ試験問題が何を聞いているのかまったくわからず，タキプロ勉強会でも周囲の受験生の答案と比べてレベルが低く（あとからわかったのは想像で答案を書いていて根拠のない内容だった），『ふぞろい』と同等の合格答案をどうやったら書けるかもわからず，受講していた大手予備校の演習では常に100点満点中の20点や30点と，まったく合格から遠い受験生でした。でもその原因を理解できないまま本試験に突入，当然のように不合格でした。

　⇒結果：事例Ⅰ B　事例Ⅱ B　事例Ⅲ C　事例Ⅳ A

●2年目　2017年

　1次試験合格の権利を持ち越して1次試験は受験せず，2次試験対策に注力しました。

　この年は特に新しい教材は入手せず，過去問演習，タキプロ勉強会，大手予

備校の模試（TAC/LEC/MMC）を活用することにしました。毎日過去問を少なくとも1題は解くと決めて，退勤後にカフェで演習を重ねていましたが，良い解答とは何か，をつかんだ気がせず，いくつか受けた模試の成績は常に下位で低迷。どういう解答が正答に近いのかが見えず，いつもふわふわしているような感覚でした。それでも，タキプロ勉強会では前年と異なり何度かベスト答案に選ばれたり，模試の事例Ⅲで95点を取る（全国1位）など外見的な進歩は見られたものの，やはり自分の中ではなぜそういう結果になったのか理解できておらず，結局偶然良い結果になっただけに過ぎませんでした。最後までやはり何もつかめないまま試験本番に臨み，出題された問題に振り回されてしまい何を書いたかわからぬまま試験が終了。案の定敗退となりました。

⇒結果：事例Ⅰ 47点　事例Ⅱ 45点　事例Ⅲ 65点　事例Ⅳ 68点　計225点

●3年目　2018年

この年の3月から東南アジアに駐在しました。

2次試験対策として，日本から持ち込んだ『ふぞろいな合格答案』シリーズ，そして過去問を使い，独学で対応しました。ネット上で参加できたためタキプロのWeb勉強会に参加しました。勉強会の管理者が，対象とする過去問のスレッドを設けてくれて，そこに自分の答案をアップし，参加者のコメントをもらうというかたちでした。スレッドが準備されたタイミングで事例に取り組むことで，独学の良いペースメーカーになったと思います。それでも，演習を重ねても，『ふぞろい』の合格答案はやはり書けるには至らず，2次試験で問われていることは何か，どういう解答が良い解答なのか，という自分なりの正解を見抜くには至っていませんでした。結局最後まで何かをつかめた感覚はなく，不安定な気持ちのまま私費帰国して本試験受験，この年も結局不合格でした。

⇒結果：事例Ⅰ 52点　事例Ⅱ 60点　事例Ⅲ 56点　事例Ⅳ 51点　計219点

●4年目　2019年

前年と同じことをやっていてはまた同じ結果になると思い，何らかの教材を入手することにしました。オンライン講座を探して唯一ヒットしたのがMMC通信講座でした。自分の答案が添削された内容をインターネット上で確認でき

氏名 ⑫

受験番号

イニシャル（ M ・ Y ）

採点欄

中小企業の診断及び助言に関する実務の事例 I ：解答用紙

（組織（人事を含む）を中心とした経営の戦略および管理に関する事例）

第1問 （配点20点）

Very Good!!

第2問 （配点20点）

Very Good!!

第3問 （配点20点）

Very good!!

第4問 （配点20点）

第5問 （配点20点）

直前期の演習

るということで活用することとしました。この講座は
非常によくできていて，事例ごとのポイントの解説
のほかは，多くの事例問題を演習して添削を受けると
いうシンプルなものでしたが，学習を重ねる中で，各
事例には特徴があり，それぞれに出題者が問うている
ポイントはかなり限られており，毎年形を変えて聞か
れているに過ぎない，という事実に気づきました。い
ままで多くの論点があるように見えた数多くの過去
問がすべて同じに見えてきて，解答の道筋が見えてき
た感じがしました。その結果，少しずつ求められてい
ること，解答すべきことがわかってきました。その結

合格証書：登録時に原紙を
提出することが必要なの
で手元に残らない

果，講座における事例問題の点数も合格点である60点をキープできるようにな
り，答案の中に何が足りなかったのか，何に向けて努力すればいいのかが明確
になり，2次試験も時間をかければ得点が取れるものになる，という状態に変
化しました。これは過去3年の受験勉強時にはなかった感覚でした。直前期に
は解答のない過去問は使わず，MMCで添削を受けた事例問題（たしか40事例
くらいあったと思います）を徹底的に解き直しました。題意に対して，自分が
与件から拾い出す項目，この項目を使って説明する内容，を正答と突き合わせ
る訓練をひたすら続けました。事例Ⅳについては，MMCの薄い基本問題集を
手配していたので，それを完全に解けるようになるまで何度も繰り返し，でき
る問題は確実に得点する，ということを徹底しました。

　合格できる自信はまったくなかったですが，解答のコツをつかんだという感
覚はありました。そのまま私費帰国で受験。設問の目新しい聞き方に振り回さ
れそうになりましたが，各事例で解答すべき軸を持っていたため，見た目にと
らわれずそれなりにまとまった解答を書くことができました。それでも，試験
直後は試験会場外で配られる大手予備校の解答速報に比べると，自分の解答が
まったく的外れのようにも見え不安に駆られることもありましたが，結果とし
て合格通知を受け取ることができました。合格発表の1週間後に実施された口
述試験でも帰国して受験し，ようやく晴れて完全合格を得ることができました。
　⇒結果：事例Ⅰ 62点　事例Ⅱ 59点　事例Ⅲ 57点　事例Ⅳ 66点　計244点

(4)　海外赴任中の実務補習

　診断士を名乗るためには，正式に合格通知を受け取って以降，実務補習あるいは実務従事を受け，15ポイントを取得する必要があります。私は合格当時海外赴任中でしたので，中小企業診断協会の実施する実務補習を受けるのは難しかったため東南アジアでの実務補習（いまはないと聞いています）を中小企業診断協会のページで見つけたため，利用することにしました。ちょうど日本や東南アジアでコロナ感染が報告され始めた頃でしたが，何とか全日程を終了することができ，無事6ポイントを取得することができました。この実務補習はお金もかかるし休みもうまく取れるかわからない懸念もありましたが，この機会はもうないかもしれないと思い即座に申し込んだことを覚えています。その直後から世界が新型コロナウイルス感染拡大のため往来が完全にストップしてしまいましたので，結果的に受講しておいて良かったと思います。次があるからいいや，と先送りすることもあるのですが，その「次」はないことがあるので，機会を目にした瞬間に捕まえる努力はしたほうがいいと思いました。ある診断士の方が，「幸運の女神には前髪しかない」とおっしゃっていましたが，機会は通り過ぎたあとでは捕まえることができないので目にした瞬間に手に入れるべきなのかもしれません。

(5)　コロナ禍での実務従事

　海外に赴任していたことから，実務従事もオンラインでできるものを探す必要があり，診断士合格直後から探索していました。口述試験で一時帰国した際に診断士の先輩に教えてもらった能力開発の講座がちょうどオンラインでの実務従事の機会も提供しており，そこに参加することで，最終的に必要なポイントを取得することができました。

企業診断報告書

...Co., Ltd.
MD
COO　様

2020年2月21日から2月24日まで企業診断の機会をいただきました...様に感謝申し上げます。御社の事業にかける思いをメンバー同様に感じました。その思いに応えるべく、討議を重ねた結果をご報告申し上げます。

2020年2月24日

チームメンバー

中小企業診断士	中小企業診断士
中小企業診断士	中小企業診断士
中小企業診断士	中小企業診断士
中小企業診断士（試験合格）	中小企業診断士（試験合格）　安田喜成
中小企業診断士（試験合格）	中小企業診断士
指導員	中小企業診断士
指導員補佐	中小企業診断士

1　はじめに

御社は設立以来Dsyncを開発され60社との会社との取引を成立させて来られました。これは御社の大きな強みと考えます。この強みを軸にした成長戦略を提案申し上げます。

2　現状

ヒアリングを元に現状分析（SWOT分析）をした結果は以下の通りです。

		W（弱み）	知名度不足
S（強み）	経営者の強い思い		リソース不足（資金・人材）
	ワンストップ体制		個人的（技術・ノウハウ）
	販売実績の注力（既存顧客）		先進的開発力の不足
	顧客に近い立地		マーケティング力
	Dsyncの高い価格競争力		知財権等の導入障壁なし
	カスタマイズ可能性		タイ企業への売り込み
	手厚いサポートの存在	T（脅威）	価格競争力低下の可能性
O（機会）	在日系企業の1000社		日系企業数増加の可能性
	在タイ現地企業（制御系など）		巨大戦略増加の標準搭載
	在タイ投資企業		パトライト社等との統合
	顧客需データ活用意識向上		
	Tier2/3IoT等成人材不足		

東南アジア実務補習での提案書

3　戦略の方向性

現状分析を踏まえて、戦略の方向性を整理すると以下のようになります。

商品・サービス 市場	既存商品	新規商品・サービスの進化 分析専用 / ブランド化 / 新技術		
既存市場 現有60社				
日系企業				
新規市場 現地企業				
在日系企業				
海外企業				

（用語の解説）

戦略	意味
市場浸透戦略	既存の市場に既存の商品を継続して投入することで、市場へのさらなる浸透を進め、シェアの拡大を図る戦略
新市場開拓戦略	既存の商品を、新たな市場に投入することで、利用の拡大を図る戦略
新商品開発戦略	顧客や地域をターゲットとした市場に新商品を投入する戦略
多角化	既存の市場や既存の商品とは別に、新たな市場をターゲットに新商品を投入する戦略

2　診断士資格取得後

診断士資格を取得して変わったと思うこと
を挙げてみます。

中小企業診断士登録証

①　自己啓発の機会が圧倒的に増える

中小企業診断協会を中心として，診断士を対象にしているセミナーなどへ一
気にアクセスが増えました。目につくイベントは手当たり次第に参加しました。
特に日本の資格である診断士については，ほぼすべて国内を対象としたイベン
トでしたが，オンライン化が進んだことで，海外にいながらにして研究会やセ
ミナーに出席できたのは非常に大きなことでした。その中で多くの知り合いが
でき，意見を交わすことができたのは，自らの知的好奇心を刺激し，そして自
分を見つめる良い機会でした。

②　世界が変わって見える

診断士試験は，経営に関する知識をいろいろな側面から学びます。そのこと
が，普段仕事で感じていることに理論的な裏付けを与えたり，新しい視点が生
まれたり，ということを実感するケースが非常に増えました。自分の中に物事
を見る切り口が増え，ものの見方が変わった，大げさな言い方をすると「世界
が変わって見える」ようになった，ということではないかと思います。

③　自分の強みを意識するようになる

診断士の集団は，試験を通過した人たちの集まりです。その中にいても，何
の差別化要因もありません。その中において，自分は何で差別化できるのか，
自分の業務経験を通じて何を専門にしていると言えるのか，そして何を強みに
していきたいと思うのか，ということを常に考える機会に晒されます。それは
自分を磨き続けるプロセスなのだと思います。

3　求めよ，されば与えられん

　資格取得はあくまでも出発点だと思います。診断士の資格を持っているだけではなく，常に自分で目的意識を持って求めていくことで何かが得られる，ということだと思います。その意識を持つといろいろな機会に恵まれるのもこの資格の特徴で，私も執筆や企業の診断などの機会を多く頂きました。

　いまの私は，本業が佳境を迎えており，診断士としての活動ができていませんが，ひと段落がつけば，また活動を再開し，能力開発を進めつつも診断士ならではの社会貢献のあり方を追求していきたいと思います。

　活躍の場が常にあるという安心感は診断士ならではかもしれません。

　受験生の方々が，高い志を持って難関をクリアされ，実り多い道を歩まれることを願って筆を置くことにします。

完全独学＆４か月の超短期突貫合格法

増澤 祐子

（プロフィールは巻末参照）

1 合格するまでの体験

(1) 中小企業診断士を目指した理由

　私は，食品メーカーに勤める企業内診断士です。2020年３月に中小企業診断士（以下，診断士）１次試験の勉強を開始，2021年１月に診断士の２次試験に合格したのち，同年９月に登録をしました。資格取得前は，資格を活かして明確に「こうなりたい！」というビジョンはありませんでした。ただ，以前より個人の名前で仕事をしてみたいという想いがあり，また，過去に携わったことがあるコンサルティング業への興味も引き続き持っていました。そのため，現在の勤務先の仕事にやりがいを感じつつも，その想いに応えられそうな診断士の資格には前々から興味がありました。

　興味はあるものの，難関資格だとの噂に診断士資格へのチャレンジに踏み出せずにいました。しかし，2020年３月，とうとう受験への挑戦を決意しました。当時，新型コロナウイルスの感染拡大により外出自粛ムードが一気に広まり，外出できないのであれば在宅時間を最大限有効に使いたいと思ったのです。試験日まで時間がない中，とりあえず自分にできる限りの準備をした結果，大変運良く１次・２次とストレートで合格をすることができました。ここから書かせていただく内容は，とにかく時間がない中での準備であったという前提でお読みいただければ幸いです。

(2) 短期で間に合わせるための「独学」

　受験することを決めたのは2020年３月，１次試験日は2020年７月でしたの

で，１次試験の準備期間はたった４か月しかありませんでした。また，２次試験も，試験日が2020年10月下旬でしたので，かなり短期間での準備が必要でした。そんな中，私は１次も２次も筆記試験対策を完全に独学にしました。市販の参考書と過去問以外は，基本的にはインターネット上の無料情報（YouTubeや検索）しか活用していません。あとは，かなり前に受験したことがある簿記やビジネス会計検定の参考書を辞書代わりに数回使ったくらいです。独学を選んだ理由は単純で，「４か月で間に合う」とうたっている講座が見当たらなかったためです。模試も，学習が追い付いていない状態で受けても効果をあまり得られないように思い，受けませんでした。コスパだけを考えると非常に良い合格に見えますが，時間がない中での苦肉の策でした。孤独に参考書や解説を読み解き，不明なところをインターネットで調べて少しでも理解を進めていく…，この作業は特に苦手科目については大変苦痛でした。そんな中，どのように学習を進めたかは，後述させていただきます。

　余談ですが，合格してしばらく経ち，自身の苦手科目について大手予備校の講義DVDを視聴したことがあります。プロ講師の解説のわかりやすさに大変驚き，短期でも何らかのかたちで講義を受けていたらあんなに苦しい思いをしなくて済んだのに…と残念に思いました。参考書の文字と図だけで理解を進めるのと，プロから体系立てて教わるのは，楽しさもわかりやすさも全然違います。そして，ご縁があって今，私自身が大手予備校の診断士講座の講師としても活動しております。受講生の方がせっかく受講されるので，私自身が独学のときには届かなかった理解のところまで，わかりやすく解説できるように心がけています。

2020年　試験準備開始からの流れ

	3月	4月	5月	6月	7月	8月	9月	10月	11月	12月
●試験日 1次：7/11〜12 2次：筆記10/25 　　口述12/20					● 1次			● 2次筆記		● 2次口述
●準備期間	←→						←→			◆
●参考書＆問題集	←→						←→			
●過去問				←→			←→			

(3) 1次試験に向けて

● 1次試験で使ったツール～インターネットのフル活用～

　1次試験のメインの教材には，大手予備校が出している参考書と問題集，そして過去問を使いました。まずは試験のガイダンス的な参考書に目を通した後，なるべく薄くわかりやすそうな参考書と問題集を同時に進めました。そちらを2か月ほどかけて全教科分終わらせた後，試験日のちょうど1か月前にようやく過去問に着手しました。

　薄めの参考書は，ポイントが絞られており，カラーの図も多く非常に良かったのですが，苦手科目は解説が足りず理解に苦労しました。経営情報システムに出てくるアルファベットの羅列や中小企業経営・政策のような暗記科目を読み進めるのはとても苦痛だったのをよく覚えています。過去問も，経営法務などは特に解説が難解で，理解に苦しみました。

　そこで非常に助けられたのがインターネット検索です。テキストや過去問の解説が理解できない際は，都度辞書を引くようにインターネットで検索をしました。中でも YouTube では，予備校の先生や診断士の先生が項目別に解説をしたり，アニメーションをつけてくれたりしています。例えば「カンバン方式」も，参考書ではイメージが湧きづらかったのですが，動画ではカンバンの動き方もわかりすぐに理解ができました。また，経営法務の勉強では行政書士受験者の方向けの動画なども非常に役に立ちました。今の時代，わからないことを調べれば，大体どなたかが記事や動画にしてくれているので，本当に有難いです。私はこの時代だからこそ，独学で合格ができたと思っています。

　また，自分が調べた内容やポイントだと思う内容は，ノートにまとめ，ノート1枚の左半分に質問または単語，右半分に解答または解説を書き込んでいき，全科目で自分のまとめノートを作成していました。そんなに量は多くないので，毎日寝る前にはそのノートを復習し，記憶を定着させるようにしていました。

(4) 過去問でわかる得意科目と不得意科目

　1次試験の1か月前に，過去問に着手しました。しかし，それまで短期で詰め込んだ知識は日に日に抜けていってしまいます。そのため，過去問に着手し

てからも，なるべく短サイクルで全教科を回し続けることを意識していました。具体的には，「どの科目も3〜4日に1回は触れる」，「そのために，毎日なるべく2科目は過去問を解く」を意識しました。

また，私は，基本的には過去問を復習すること自体が学習になり，点数が上がっていく場合が多いと考えていますが，場合によっては別の対策が必要になります。簡単ではありますが，私が科目ごとにどんな対策が必要かを判断した方法をご紹介します。私は過去問を解くたび，各科目の点数を右の写真のように記録に残していました。

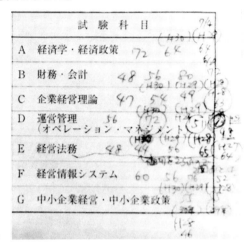

これによって，以下3タイプの科目があるとわかりました。

① はじめから60点を取れる科目
② はじめは60点未満だが，過去問を解くと点数が上がっていく科目
③ 60点未満で，過去問を解いても点数が上がっていかない科目

①の例は「経済学・経済政策」です。「72→64→64」と記録があり，3年間分の過去問でコンスタントに60点以上取れています。そのため，特別に追い込まなくても高い確率で60点が取れそうだと判断できました。②の例は「財務・会計」です。「48→56→80→72」とあり，過去問を解き復習することで理解が増し，どんどん点数が上がっています。こちらも，このまま過去問を続ければいいと判断しました。逆に，③の例は「中小企業経営・政策」です。「55→55→46」と書いてありますが，過去問を解き進めても点数が上がらず，下手をすると足切りの可能性もあります。この科目は，過去問をただ解いても意味がないと判断し，直前に専用の参考書を追加しました。試験前日の夜まで必死に暗記をしたおかげもあって，本番では75点を取ることができました。このように，過去問の結果から自身の得意不得意を見極め，必要な対策を取ることは有効だったと思います。

196

(5) 1次試験直前期の時間の使い方〜会社勤務との両立〜

　外出自粛ムードではありましたが，試験前1か月間は毎日出社をしていたため，時間が本当に貴重でした。朝6時過ぎから過去問を解き，8時過ぎまで解説を読み，続きは電車の中で読みました。さらに，歩いている時間にはYouTubeで診断士試験の関連動画を耳から聞き，昼休憩時間も勉強に充てました。このように，少しの時間でも知識に触れることで，少しでも知識を定着させようとしました。もちろん夜，帰宅後も寝るまでも過去問と格闘していました。ちなみに，私はお酒を飲むことが好きなのですが，直前2か月はアルコールを断ちました。アルコールで頭が鈍ることがないため，意外とこれは学習を進めるうえで有効でした。その代わりにノンアルコールビールをよく飲んでいました。今の時代，ノンアルコールビールもとても美味しく，試験勉強のお供に大変おすすめです！

(6) 試験初日はホテル泊で準備を万全に

　試験会場が家から遠く，片道1時間半もかかる場所だったため，1次試験初日の夜は会場近くのホテルに宿泊することにしました。おかげで初日夜は移動により疲れることもなく集中して学習ができ，ぐっすり寝ることもできたので，ホテル泊にして本当によかったと思います。ホテルで最終確認した内容も2日目の試験でたくさん出題されました！　暗記科目は直前まで点数が伸びますので，最後まで諦めてはいけないと思います。また，会場がクーラーで極端に寒かったのですが，泊まるために持っていったパジャマなどを休憩時間に着込むこともできました。寒さ対策もしっかり行っていただくとよいと思います。

2　さらに短期決戦となった2次試験

(1) 1次試験後の過ごし方の後悔

　1次試験日は7月11日〜12日，1次試験の合格発表日は8月25日でした（通常1次試験日は8月上旬ですが，2020年は東京五輪が予定されていた影響で変

則的でした）。自己採点では合格していたものの，試験後の極度の疲れと，「受験番号を書き間違えたかもしれない（から受かっていないかもしれない）」という不安から，8月中は何もする気になれず，結局2次試験の準備に手をつけたのは9月に入ってからでした。ちなみに2次試験日は10月25日。2次試験の勉強時間も2か月弱しかなく，1次試験以上の短期決戦となりました。

　一番後悔しているのは，1次試験終了後から2か月弱，一切勉強をせず1次試験の知識が抜けてしまったことです。自業自得ですが2次試験の勉強が本当に大変でした。過去問を解きながら抜けた知識に出会うたびに，少しずつ思い出していきましたが，せめて2次試験でも使う「企業経営理論」，「運営管理」，「財務・会計」の3科目だけは1次試験後に継続して触れておくべきだったと思います。

　なお，1次試験直後に唯一行った2次試験準備があります。念のため，1次試験直後に2次試験の参考書を購入しておいたことです。例年，1次試験直後に2次試験の参考書が売り切れることがありますので，こちらは対応しておいてよかったと思います。

(2)　2次試験の学習法〜またインターネットに救われる〜

　2次試験については，過去問と，採点例が見られる参考書を中心に使いました。また，知識をまとめた2次試験向け参考書もよく読んでいました。ただ，事例Ⅳだけはあまり過去問は解かず，基礎的な問題集1冊を繰り返し解きました。最終的に解いた過去問の量は，事例Ⅰ〜Ⅲは4〜5年分の過去問を1〜2回ずつ，事例Ⅳは2年分程度のみでした。

　事例Ⅰ〜Ⅲは過去問中心に学習を進めましたが，正直なところ，試験前1か月になっても全然コツが掴めていませんでした。過去問を解いて自己採点しても，キーワードが当たったり当たらなかったり，高得点が出ても「たまたま」と感じるようなピンと来ない感覚でした。このままでは合格は難しいと感じ，今回もインターネット上にヒントを探しました。インターネット上では，過去に合格した診断士の先輩方が「自分はこうして受かった」というノウハウをいろいろと紹介してくれています。そこでさまざまな勉強法を調べていくうちに，運良く，YouTubeで自分に合った解法が見つかりました。それは，「与件

文をほとんど見ずとも，設問を熟読すると解答の骨子が作れる」というものです。設問の書き方や，設問内で使われているキーワードから，おそらくこういう方向の解答になるだろうという見当をつけるのです。その解法に出会ってからは，設問でこういう表現がされているときは施策の方向性はこう，というような定石を自分の中に溜めていけるようになりました。また，過去問を自己採点する際も，自分の解答の何が足りないか，どこを修正すればいいかがわかるようになりました。最後の3週間はほぼその解法を身につける作業に充てましたが，結果として2次試験は全科目60点以上で合格することができました。自分に合った解法が見つかったことが何より大きいと思います。

　なお，私は解法検索だけでなくモチベーション維持のためにもYouTubeをよく見ていました。診断士の先輩方が活動紹介をされていたり，診断士がいかに素晴らしい資格かを語られるのを見て，「受かりたい」という気持ちを保つことができました。2次試験はたくさんの文字を書くので，過去問を解くのも本当に大変ですが，疲れた時はYouTubeを見て気分転換をしていました。

(3)　トラブルから始まった2次試験当日

　本番は，朝一の事例Ⅰから時間配分を間違えました。「残り5分」のアナウンスの時点で，2問×100字が完全に空白でした。各設問部分にキーワードを書き出していたため，5分で可能な限り解答用紙は埋めましたが，本当に汚い文字で書きなぐったかたちです。1事例目から「採点官が読めないかも」，「40点いかないかも」との不安がよぎり，事例Ⅱ以降のモチベーション維持が大変でしたが，なんとか気持ちを切り替え事例Ⅳまで諦めずに解きました。ただ，事例Ⅳも難しく足切り覚悟の出来だったため，また来年頑張ろう…と思いながら帰路につきました。当日夜は「落ちたと思ったけど合格していた」という合格体験記をインターネットで検索したりもしましたが，まさにこの私の体験記は，今後受験される方々の安心材料にしていただけるのでは，と思っております。

(4)　口述試験

　2次試験の結果はまったく期待していませんでしたが，奇跡的に合格して

いて驚きました。同時に,「口述試験」まで10日もないことに気づき,慌てて,中小企業診断士受験支援団体の無料口述セミナーに申し込みました。与件文の内容をほぼ忘れてしまっているところから,なんとか当日までに準備をし,無事合格できました。なお,当日スーツのジャケットを着ていくのを忘れてしまい,上半身が真っ白のニットでしたが大丈夫でした。「失礼」のない服装であれば,受け答えに大きな問題がなければ口述試験は大丈夫なのでは,と予想しています。

(5) 実務補習と実務従事で実務ポイント取得

めでたく試験に合格できた後は,2021年2月と7月の2回,実務補習を受け,2021年4月～6月に外部の民間企業の実務従事に参加をし,合計15ポイント以上を獲得して2021年9月に登録をしました。

実務補習は本当に楽しかったです。初めての実務補習では,指導員の先生も素晴らしく,チームメンバーも皆本当に人柄もよく大変優秀でした。次回もこんなメンバーがいいなと思っていたら,メンバーのうち3名はなんと2回目の実務補習も同じチームになりました。2回目も指導員の先生とメンバーに恵まれ,私はチームリーダーに挑戦し,必死に頑張ったのもいい思い出です。今でも,皆で同じ研究会に入って顔を合わせたり,集まって情報交換をしたりしています。楽しい仲間ができたのは実務補習のおかげです。

民間企業の実務従事は,ベテランの先輩方と同じチームで進めました。診断士の活動についてもいろいろと伺ったりすることができたり,皆さんのプレゼン資料を見るのもとても勉強になりました。基本的に平日夜や土日で対応をさせていただくことができ,企業内診断士にもとても参加がしやすいものでした。

3 合格して広がった世界

(1) 仕事面での変化

私は企業内診断士ですが,診断士資格取得後も,勤務先の業務自体に大きな変化はありません。しかし,せっかく取った資格を活かしたいと思い,合格後

に会社に副業申請を提出して承認をもらうことができました。診断士の活動は有償のものも無償のものもありますが，いずれにしても勤務先を過度に気にせずいろいろチャレンジができるようになるため，副業申請はしてよかったと思います。また，平日夜もなるべく診断士の活動の時間を取れるよう，それまで以上に勤務先での業務効率も意識するようになりました。また，診断士の活動の中で礼儀を学び，プレゼンや執筆といった汎用スキルを磨けていることは，勤務先の仕事にも活きているように思います。

　診断士のお仕事については，参考書の執筆活動，大手予備校での診断士受験講座の講師，民間企業向けセミナー講師，コラム執筆などのお仕事をいただいています。参考書の執筆は，口述試験対策セミナーでご一緒した先輩のご紹介で関わらせていただくことができました。また大手予備校講師のお仕事は，合格直後に登録をし，添削や作問を行っていましたが，のちに後述するマスターコースの先生の後押しもいただき，いろいろな登壇機会をいただけるようになりました。

　余談ですが，私自身はなるべく「本業」「副業」という言い方はしないよう心がけています。副業という言葉にはどうしても「サブ」という意味合いが含まれてしまいますが，どちらが主でも副でもなく，いずれも重要な仕事です。また，診断士のお仕事は「サブ」という気持ちではとても乗り越えられません。こちらも，お仕事をくださる方へ礼儀を払い，同時に自分自身を全力で頑張ろうという気持ちにするための，診断士の活動の中で学んだ心構えの1つです。

(2)　診断士としての活動

①　研究会とマスターコース

　診断士の世界には，研究会やマスターコースなど活動の場が多くあります。いくつ参加をしてもよいのですが，私は，研究会に2つ，マスターコースに1つ入りました。

　研究会は，中央支部の「フレッシュ診断士研究会」と東京協会の「ワールドビジネス研究会」です。フレッシュ診断士研究会（通称「フレ研」）は，診断士として活躍するために必要な心構えを学ぶことができる大人気の研究会で，毎回，錚々たるフレ研卒業生の先生方がご自身の診断士としての歩みをご紹介

してくださいます。皆様，人として大切なことを語ってくださるため，毎回講義が終わった後は心が洗われた気持ちになる大好きな研究会です。お仕事をどう進めていけるかは，結局は人と人との信頼だという根本的なことを改めて学ばせていただくことができます。「ワールドビジネス研究会」（通称「WBS」）では，中小企業の海外展開支援を行っています。いくつかのチームに分かれて活動をしていますが，偶然，私自身がもともと携わりたかった「日本酒蔵の海外展開支援」をど真ん中で行っているチームがあり，お酒好き＆海外好きなチームの皆様と毎回楽しく活動をさせていただいています。

　マスターコースは「売れる！人気プロ研修講師・コンサルタント養成講座」（通称「売れプロ」）に入りました。プレゼン技術を身につけ活躍できるセミナー講師・コンサルを養成する塾として知られていますが，プレゼン以外にもプロ意識など教わることが本当に多く，私も1年間で，意識の面でも大きく成長をさせていただいたと思います。また，塾長の先生が「診断士は可能性に満ちた素晴らしい資格だ」と言われるので，ポジティブに診断士の活動を行うためにもとてもいいマスターコースです。私はプレゼンに苦手意識がある状態で売れプロに入りましたが，毎回の講義でプレゼン技術を学んだ結果，東京都中小

企業診断士協会中央支部の「講師オーディション」というイベントで優勝することができました（写真はTOKYO SMECAニュース令和4年2月号（2022年）50ページより抜粋・加工したもの）。また，余談ですが先日，勤務先で役員陣にチームの実績をプレゼンする機会があり，プレゼン参加チームの中で最優秀賞をいただきました。もちろんチームの実績があってこそですが，プレゼンも評価いただけたようで，診断士の活動が勤務先の業務にも活きていると感じています。

②　その他の協会活動

東京協会や中央支部の活動では，1年目診断士が100名以上参加する「一年目の会」というイベントの幹事長をさせていただいたり，新入生歓迎イベントに関わらせていただいたり，いろいろと活動機会をいただいています。そして，2022年4月には中央支部から「新入部員賞」もいただきました。このように協会にもいろいろな活動の場やイベントがあり，好奇心が常に刺激されています。今後も，息切れすることなく，楽しく診断士の活動を行っていきたいと思います。

4　診断士試験合格を目指される皆さまへ

　診断士は，ご自身が望まれれば一気に世界が広がる素晴らしい資格です。私自身，まだまだ修行中ですが，診断士の活動を始めてから，意識，できること，出会う人，時間の使い方すべてが大きく変わりました。勉強は大変かもしれませんが，ぜひ頑張って取得をされてください。

　そして，受かってからが本当のスタートだと思います。お仕事をいただくため，自分の強みを意識し世界を広げ，同時に目の前の1つひとつのご縁を大切にし，いただいた仕事に全力を尽くす。それによって，1つのお仕事が次のお仕事につながり，ご縁が広がっていくのを実感しています。

　私も，今後もお仕事をご依頼いただく方から「増澤に頼んでよかった」と思っていただけるように，活動を行っていきたいと思っています。これをお読みいただいている皆さまとも，いつかご縁があり，診断士としてお仕事でご一緒ができることを楽しみにしております。

【編著者紹介】

原田　総介 （はらだ・そうすけ）

2019年に中小企業診断士登録。上場企業のグループ会社にて店舗の戦略立案から運営管理全般を担う。資格取得後は，企業に勤めながら，M&Aアドバイザーや事業再生，補助金コンサルタントとして経験を積み，その後2021年3月に独立。株式会社リバースオリジナルを設立し代表取締役に就任。現在は，事業再生，M&A，補助金支援を行っており，飲食店やサービス業を中心に支援している。

藤本　江里子 （ふじもと・えりこ）

大学卒業後，メガバンクに勤務し，中小企業経営者の支援をしたいという想いから税理士資格を取得。経営のアドバイスもできるようにと2017年に中小企業診断士の資格を取得した。FBAAファミリービジネスアドバイザー資格認定証保持者。多摩大学大学院MBA客員教授。現在は，税理士法人にて，オーナーシップ，ビジネス，ファミリーの3つの視点から中小企業経営者の相続や事業承継の相談業務に携わっている。

金岩　由美子 （かねいわ・ゆみこ）

IT企業でプロジェクトマネージメントに従事。チームの個々人が得意分野で能力を発揮し，チームで結果を出すことを大切にしている。過労でメンタル不全を経験し，ストレスマネジメント，心理学・脳科学・幸福学やコーチングも学んできた。チームビルディング力，戦略・計画策定やリスク管理能力，PDCA推進力と，心理面のサポートで，頑張り過ぎて孤独になりがちな社長や管理職に寄り添い，人と組織を幸せにしたいと，中小企業を支援している。幸せになった人がエネルギーを得て次の誰かを幸せにする。思いやりと笑顔が連鎖するWell-beingな社会が私の夢。

東　俊道 （ひがし・としみち）

現在は，自らの経験を活かして創業セミナーや商工会議所の経営相談に携わり，地域の事業者の経営支援を行うほか，事業再生の専門家として会社経営に行き詰まった企業の経営支援を行っている。また，M&Aコンサルタントとして株式譲渡，事業譲渡など事業承継の支援も行っている。事業者が目指すべき方向に近づけられるように，知識と経験を積み重ね，相談しやすい雰囲気を作り，丁寧に会話をすることを心掛けて活動している。

【執筆者紹介】

市原　敬哲 （いちはら・たかひろ）　　　　　　　　　　　　　　［第1部執筆担当］

中小企業診断士。早稲田大学理工学研究科修了。広告代理店を経て，税理士法人に勤務。販促，新商品開発といったマーケティング施策の立案・実行から事業計画の策定や組織再編並びに事業承継などの経営・資本政策の企画・実行まで，商品・事業・経営の各領域におけるビジネスニーズに対し，さまざまな視点からコンサルティングを行う。その他テクノロジーの変化と消費動向，これらの未来社会への影響などをテーマとした寄稿も行う。

中津井　徹 （なかつい・とおる）

1973年5月生まれ。東京都出身。早稲田大学卒。2017年中小企業診断士試験合格。2018年中小企業診断士登録。大学卒業後，大手電機メーカーの経理部門に所属し，本社や工場，国内外の子会社にて会計・予算・原価・税務・内部統制などの経理業務に従事している。企業に勤務しながら，中小企業診断士として補助金申請支援などの活動を行う。

木村　祐介 （きむら・ゆうすけ）　　　　　　　　　　　　　　　　［第1部執筆担当］

1978年3月生まれ。茨城県出身。早稲田大学卒。2015年中小企業診断士登録。大学卒業後，IT企業，アパレルを経て，現在はエンタメ系企業にて，経理，経営管理業務に従事。企業に勤務しながら，中小企業診断士として補助金申請支援や記事執筆などの活動を行う。執筆実績として，ミラサポ，企業診断での記事掲載，『合同会社設立・登記・運営がまるごとわかる本』（共著，日本法令）の出版など。

平野　康晴 （ひらの・やすはる）

ひらの経営支援事務所・代表。中小企業診断士，1級販売士，2級ファイナンシャル・プランニング技能士，キャッシュフローコーチ®。経営者と「ビジョン」を共有し，経営数字と経営計画で裏付けながらその実現を後押しする「パートナー型コンサルタント」。計画のみならず，モニタリングや会議体のファシリテートを通じ，全社レベルでの伴走型実行支援に力を入れている。「愛と感謝の心で　幸せな会社を増やす　幸せな社会を創る」をミッションに掲げ，精力的に活動している。

田中　幹大 （たなか・みきお）　　　　　　　　　［第1部執筆担当］

福岡県柳川市出身，東京都北区在住。中小企業診断士，技術士（経営工学部門）。大学卒業後，電機メーカー，半導体メーカー勤務を経て，現在，ナースコールメーカーにて品質管理業務に従事。企業勤務のかたわら，2018年に中小企業診断士登録し，中小企業の業務改善，生産性向上支援，補助金申請支援に取り組んでいる。その他，セミナー講師としても活動中。

林　　毅 （はやし・つよし）

弁護士，中小企業診断士，マンション管理士。2007年に弁護士登録し都内法律事務所で勤務後，2012年にリーガルキュレート総合法律事務所を設立。2020年中小企業診断士登録。弁護士業務としては中小企業から個人まで幅広く依頼を受けてきた。現在は診断士の資格を活かしM&A後のPMI支援などにも関わっている。近著には，「金融・商事判例別冊『反社会的勢力を巡る判例の分析と展開Ⅱ』」（共著，経済法令研究会）などがある。

佐々木　祐人 （ささき・ゆうと）

大学卒業後，大手電機メーカーに入社，インフラのセールスエンジニア及びプロジェクトマネジャーとして勤務。同社在籍中に，中小企業診断士資格を取得。同社退職後，事業再生コンサルティングファームに転職し，財務アドバイザーとして8社の事業財務デューデリジェンス及び経営改善計画の策定業務に従事。現在は事業承継M&Aで成長する製造業ベンチャーにて，グループ会社3社の経営管理業務に従事。

奥村　直樹 （おくむら・なおき）

大学卒業後，神奈川県の湘南エリアを管轄する公的中小企業支援機関に就職，現場で10年以上にわたり多種多様な企業の創業支援・経営改善支援に従事した実績を持つ。また，本業の傍ら企業向けの補助金審査員や資格試験の参考書の執筆なども複数手がける。2022年に中小企業診断士，社会保険労務士として独立開業。「地域経済の活性化を通じて日本を元気に！」をモットーに，経営がよくわかる社労士，労務がよくわかる診断士として活躍する。

佐藤　佑樹 （さとう・ゆうき）

東京都江戸川区出身。現在大田区在住。経営コンサルタントとして独立を目指し，出身大学および，新卒で入社した上場企業最年少で中小企業診断士を取得。その後，

日本の中小企業の支援を本格的に行うために体育会系コンサルファームに転職。コンサルとしての顧客獲得ノウハウを徹底的に鍛え上げた。補助金獲得総額は5億円以上。採択率は80％（事業再構築補助金）。

山岸　夏樹 （やまぎし・なつき）

中小企業診断士（大阪中小企業診断協会所属）。不動産業，製造業を経て現在はWebアプリ開発会社で法務を担当。約15年にわたり企業法務分野で契約法務，株主総会，係争対応，M&A，コンプライアンス啓蒙などの業務に従事。採用，教育，社内制度構築の経験も有する。予備校講師で培った経験を活かした研修やセミナーの実績も多く「難しいことこそわかりやすく」が信条。個人事業主として中小企業支援や診断士受験指導にも取り組んでいる。

石田　直久 （いしだ・なおひさ）

中小企業診断士，ファイナンシャル・プランナー（CFP，FP技能士1級），宅地建物取引士。医療サービス会社に勤務し，過去に上海，香港，蘇州，ジャカルタに駐在。一橋大学OB会（如水会）上海支部の幹事を経験。海外経験と中国語を活かし，中小企業の経営診断・海外進出支援・インバウンド事業支援を軸に活動予定。
LinkedIn　https://www.linkedin.com/in/NaohisaIshida

青木　恒 （あおき・こう）

中小企業診断士。自称「20の資格を持つ男」。1970（昭和45）年11月，札幌生まれ，青森市在住。さそり座のAB型。家族は妻と1男2女。座右の銘「真善美正」。好きな言葉「賢者は歴史に学び，愚者は経験に学ぶ」。好きな作家「宮城谷昌光」「佐藤優」。憧れる経営コンサルタント「冨山和彦」・「竹内謙礼」。尊敬する経営者「稲盛和夫」・「永守重信」「デービッド・アトキンソン」。好きなアニメ「宇宙戦艦ヤマト」。好きなドラマ「太陽にほえろ！」・「あぶない刑事」。好きな俳優「大泉洋（中学の3年後輩）」。

御幡　大樹 （おばた・ひろき）

中小企業診断士，ITストラテジスト，宅地建物取引士。投資ファンドの運営会社に勤務し，メザニンファイナンスに従事。高校卒業後は芸人を目指し上京するも，挫折を経験。一念発起してキャリアチェンジを図り，現在に至る。投資業務を通じ，多くの企業ニーズに応えるべく日々奮闘している。
LinkedIn　https://www.linkedin.com/in/h1r0k10bata/

北村 純一 （きたむら・じゅんいち）

中小企業診断士。米国公認会計士。ファイナンシャル・プランニング技能士１級。応用情報技術者。電機メーカー勤務時代にカナダで財務責任者，米国で営業企画責任者，インドで営業統括責任者を歴任。現職では大手 EC サイト事業者で担当カテゴリーの戦略策定と実行を行っている。将来は業務経験や資格を活用し事業承継に悩める中小企業の海外進出や EC サイトで成長を支援したいと考えている。

安田 雅哉 （やすだ・まさや）

中小企業診断士・１級ファイナンシャル・プランニング技能士。
プラント建設エンジニア，電機会社でのマーケティングを経て現在は貿易会社で勤務。複数回の海外勤務を含めた海外ビジネスに携わる中で，自分の大切にしたい価値観が「日本のために貢献したい」ということに気づく。企業に勤める傍らで，日本の中小企業へのコンサルティングにも取り組み，自分なりの日本への貢献のあり方を模索中。

増澤 祐子 （ますざわ・ゆうこ）

中小企業診断士。戦略コンサルティング会社を経て，食品メーカーにて勤務。カスタマーサポートの SV，営業サポートチームリーダーを経験後，台湾に駐在。台湾では 10 名以上の部下を持つマネージャーとして，採用，CS，営業，KPI 管理，顧客システム管理など，広く担当する。帰国後は新規事業の立ち上げや予算管理，自社物流網の拡大などに携わる。中小企業診断士としては企業向け各種研修で登壇（管理職研修，プレゼンテーション研修，新入社員研修など）。中小企業への海外展開支援にも携わる。語学（中国語ビジネスレベル，TOEIC925 点）や，国内外でのマネジメント経験を強みとする。

中小企業診断士 17人の合格術&キャリアプラン

2023年2月10日　第1版第1刷発行
2024年1月25日　第1版第2刷発行

編著者　原　田　総　介
　　　　藤　本　江　里　子
　　　　金　岩　由　美　子
　　　　東　　　俊　道
発行者　山　本　　　継
発行所　㈱中央経済社
発売元　㈱中央経済グループ
　　　　パ ブ リ ッ シ ン グ

〒101-0051　東京都千代田区神田神保町1-35
電話　03 (3293) 3371(編集代表)
　　　03 (3293) 3381(営業代表)
https://www.chuokeizai.co.jp
印刷／文唱堂印刷㈱
製本／㈲井上製本所

Ⓒ 2023
Printed in Japan

楽しく読めて基本が身につく好評テキストシリーズ！

1 からの**経営学**
加護野忠男・吉村典久（編著）
■A 5 判・312 頁

1 からの**経営史**
宮本又郎・岡部桂史・平野恭平（編著）
■A 5 判・344 頁

1 からの**アントレプレナーシップ**
山田幸三・江島由裕（編著）
■A 5 判・260 頁

1 からの**戦略論**
嶋口充輝・内田和成・黒岩健一郎（編著）
■A 5 判・296 頁

1 からの**人的資源管理**
西村孝史・島貫智行・西岡由美
（編著）
■A 5 判・268 頁

1 からの**マーケティング**
石井淳蔵・廣田章光・清水信年（編著）
■A 5 判・264 頁

1 からの**マーケティング・デザイン**
石井淳蔵・廣田章光・坂田隆文（編著）
■A 5 判・240 頁

1 からの**デジタル・マーケティング**
西川英彦・澁谷覚（編著）
■A 5 判・264 頁

1 からの**消費者行動**
松井剛・西川英彦（編著）
■A 5 判・256 頁

1 からの**マーケティング分析**
恩藏直人・冨田健司（編著）
■A 5 判・272 頁

1 からの**ブランド経営**
石井淳蔵・廣田章光（編著）
■A 5 判・276 頁

1 からの**グローバル・マーケティング**
小田部正明・栗木契・太田一樹
（編著）
■A 5 判・236 頁

1 からの**商品企画**
西川英彦・廣田章光（編著）
■A 5 判・292 頁

1 からの**流通論**
石原武政・竹村正明・細井謙一
（編著）
■A 5 判・252 頁

1 からの **流通システム**

崔相鐵・岸本徹也（編著）
■A5判・268頁

1 からの **リテール・マネジメント**

清水信年・坂田隆文（編著）
■A5判・288頁

1 からの **観光事業論**

高橋一夫・柏木千春（編著）
■A5判・296頁

1 からの **観光**

高橋一夫・大津正和・吉田順一
（編著）
■A5判・268頁

1 からの **サービス経営**

伊藤宗彦・髙室裕史（編著）
■A5判・266頁

1 からの **デジタル経営**

伊藤宗彦・松尾博文・富田純一
（編著）
■A5判・260頁

1 からの **会計**

谷武幸・桜井久勝・北川教央（編著）
■A5判・248頁

1 からの **管理会計**

國部克彦・大西靖・東田明（編著）
■A5判・232頁

1 からの **ファイナンス**

榊原茂樹・岡田克彦（編著）
■A5判・304頁

1 からの **経済学**

中谷武・中村保（編著）
■A5判・268頁

1 からの **病院経営**

木村憲洋・的場匡亮・川上智子
（編著）
■A5判・328頁